주한 프랑스대사관 공식인증 전문 프랑스어학기관
강남 알리앙스 프랑세즈 편찬

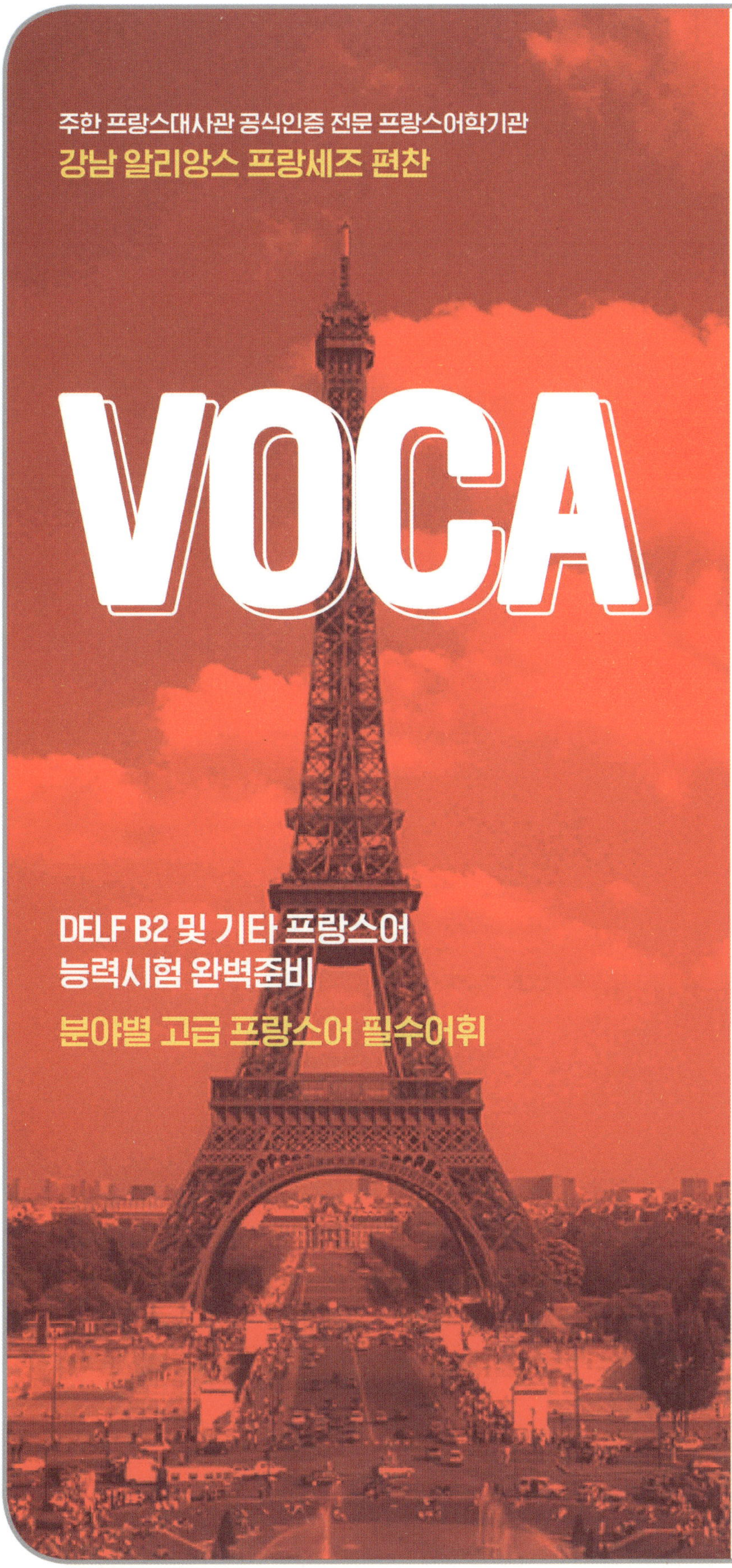

VOCA

B2

DELF B2 및 기타 프랑스어
능력시험 완벽준비

분야별 고급 프랑스어 필수어휘

 Internet
Technologies

 Santé
Justice

 Éducation
Politique

 Presse
Médias

 Accidents
Environnement

AF SEOUL

서 문

　프랑스어를 공부하고 DELF 와 같은 프랑스어 능력 시험을 응시하는 많은 학습자가 의외로 '듣기'와 '읽기' 영역에서 저조한 성적을 거두며 어려움을 토로합니다. 아는 만큼 들리고 보이는 법인데, 어휘력이 풍부하지 않으면 듣기도 읽기도 뜻하는 대로 되지 않죠.

　최대한 많은 독해 지문을 읽고 나만의 단어장을 만들며 공부할 수도 있겠지만, 이러한 방법은 들이는 노력과 시간에 비해 습득할 수 있는 어휘 수가 한정적입니다. 그래서 저는 프랑스어도 영어 수험서 같은 필수 어휘집이 있으면 좋겠다고 오랜 기간 생각해 왔습니다.

　이 책은 제가 공부하면서 느낀 어려운 점을 바탕으로 저희 강남 알리앙스 프랑세즈 강사진과 함께 몇 년에 걸쳐 준비한 책입니다. DELF, TCF, FLEX, 통번역대학원 입시 등 각종 프랑스어 능력 시험 대비는 물론 실제 B2 단계, 즉 고급 프랑스어 구사 능력 달성을 위해 꼭 필요한 어휘를 분야별로 정리한 책입니다.

　이 책은 다음에 중점을 두고 편찬되었습니다. 첫째, 학습자가 어휘의 사전적 의미에만 갇히지 않도록 해당 어휘가 실제로 사용되는 예를 들 것. 둘째, 해당 어휘가 특정 의미로 사용될 때 단수로 쓰이는지 복수로 쓰이는지, 부정관사와 함께 쓰이는지 정관사와 함께 쓰이는 지 구분할 것. 셋째, 뉴스와 실생활에서 많이 쓰는 약어의 의미를 명확히 할 것. 넷째, 학습자가 프랑스어 구사자들의 실제 발음에 익숙해질 수 있도록 전문 성우가 아닌 평범한 프랑스인이 녹음할 것. 다섯째, 학습한 어휘를 복습할 수 있도록 최대한 많은 예시문을 추가할 것.

　이 책은 다음과 같이 학습하신다면 더욱 효율적으로 사용할 수 있습니다. 책을 보고, 오디오 파일을 듣고, 따라 쓰고, 따라 말하며 모든 감각을 이용해 학습해 보세요. 압박감을 느끼며 외우려 하기보다는 5 번이고 10 번이고 위와 같이 반복하다 보면 자연스럽게 어휘들이 익혀질 겁니다. 반복 후에는 QR 코드를 통해 예시문을 읽어보며 내가 학습한 어휘를 다시 한번 확인해 보세요.

　어휘 학습은 B2 수준 그 이상의 고급 프랑스어 실력으로 나아갈 수 있는 큰 발판이 되어줄 겁니다. 이 책으로 프랑스어 실력을 탄탄히 해서 여러분의 경쟁력을 한층 더 키우실 수 있길 바랍니다.

강남 알리앙스 프랑세즈 대표 신지은

Avant-propos

De nombreux apprenants qui étudient le français et passent des tests de compétence en français tels que le DELF, obtiennent de manière inattendue des résultats inférieurs aux exigences en « compréhension orale » et en « compréhension écrite » et expriment des difficultés. Il n'est possible d'entendre les mots seulement si vous les connaissez. De fait, si les apprenant ne disposent pas d'un vocabulaire riche, la lecture et l'écoute, que ce soit dans les épreuves ou dans une situation pratique, ne seront pas aussi précises et efficaces que prévues.

Afin d'améliorer leur vocabulaire, les apprenants tentent souvent, au fil de leur lecture personnelle de créer leur propre liste de vocabulaire à étudier, mais cette méthode a tendance à aboutir à un résultat peu satisfaisant par rapport à l'effort et au temps fourni. Face à ce constat, j'ai toujours pensé que, comme pour l'anglais, il serait bien venu d'offrir aux apprenants un essentiel de vocabulaire du français approprié à leur niveau et aux objectifs du CECR.

Ce livre a été rédigé sur plusieurs années par des instructeurs de l'Alliance Française de Gangnam et basé sur les difficultés que j'ai pu rencontrer lors de mes études. Il s'agit d'un ouvrage qui organise le vocabulaire essentiel par domaine pour préparer aux différents tests de compétence en français tels que le DELF, le TCF, le FLEX, et l'examen d'entrée aux écoles supérieures d'interprétation et de traduction, ou bien tout simplement, pour atteindre le niveau B2.

Avec ce livre, nous mettons l'accent sur cinq points ! Premièrement, nous donnons des exemples d'utilisation en situation réelle afin que les apprenants puissent associer aux mots un contexte approprié au lieu d'en faire une interprétation inadéquate lors de l'utilisation d'un dictionnaire. De plus, lorsque le vocabulaire est utilisé avec un sens spécifique, nous avons fait la distinction entre une utilisation au singulier ou au pluriel, et une utilisation avec un article indéfini ou un article défini. Nous avons également voulu clarifier la signification des abréviations couramment utilisées dans l'actualité et dans le monde francophone. Enfin, grâce aux audios fournis avec le manuel, la prononciation d'un francophone, et non d'un doubleur professionnel, permettra aux apprenants d'appréhender le vocabulaire dans la vraie vie sans s'habituer à une prononciation trop parfaite et sans intonation. Cinquièmement, nous souhaitions donner l'opportunité aux apprenants d'être capable de revoir le vocabulaire appris à travers d'articles.

Plutôt que de mémoriser le vocabulaire par cœur, nous recommandons aux apprenants d'étudier en utilisant tous leurs sens : lire le livre, écouter le fichier audio, écrire et prononcer les mots. En répétant cette méthode cinq à dix fois, le vocabulaire leur viendra naturellement. Nous préconisons de lire les exemples de phrases et les articles proposés à l'aide des codes QR.

À une époque où la plupart des gens parlent anglais et cherchent toujours à être meilleur en langue, j'espère qu'avec ce livre les apprenants pourront consolider leurs compétences en français et augmenter encore leur compétitivité.

Jieun SHIN
Présidente et directrice
Alliance Française de Gangnam

Mode d'emploi 사용법

1 이 책을 보는 방법

   이 교재는 프랑스어 B2 수준을 달성하고자 하는 학습자를 위한 교재입니다. 중급에서 고급으로 도약하는 학생들을 위해 엄선한 주제가 총 13 챕터에 걸쳐 펼쳐집니다. 각각의 챕터는 다시 소주제로 나뉘어져 있습니다.

   혼자서 공부하던, 수업에서 교재를 활용하던 학습 시 보다 쉽게 단어를 찾을 수 있도록 챕터 별로 단어에 번호가 매겨져 있습니다.

   각 각의 챕터는 챕터 > 소주제 > 단어, 품사, 의미 > 예시 로 구성되어 있습니다. 단어 아래 약자로 표시된 품사는 이 교재의 사용법 4 번의 약자 표기법을 참고하면 됩니다.

   우선 단어의 품사와 성, 사전적 의미를 확인한 후, 단어 오른쪽 열의 예문을 통해 실제 해당 단어가 어떻게 쓰이는지 확인하면 효과적으로 학습할 수 있습니다.

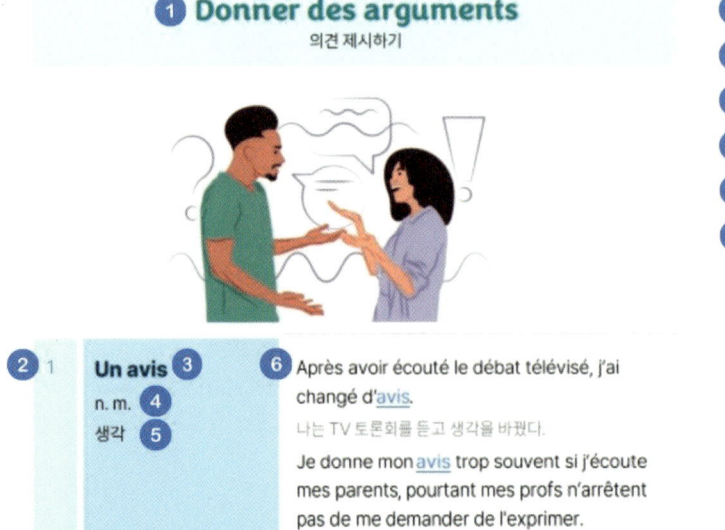

- ① 소주제 Thème
- ② 단어번호 Numéro
- ③ 단어 Vocabulaire
- ④ 품사 Nature
- ⑤ 의미 Signification
- ⑥ 예문 Exemple

Le manuel est découpé en 13 chapitres sur des thèmes différents relatifs aux besoins d'un apprenant cherchant à obtenir le niveau B2 en français. Chaque chapitre est subdivisé en sous-chapitres pour étudier de manière précise chacun des thèmes.

Les mots sont numérotés et classés afin d'être repérés plus facilement à l'étude seule ou avec l'aide d'un professeur. À chaque nouveau chapitre, le classement des mots repart du numéro 1.

Le mot en français apparaît en premier suivi ensuite de sa nature ainsi que de sa traduction. Afin de comprendre les abréviations de la nature des mots, veuillez prendre référence au tableau de l'article 4 du mode d'emploi.

Afin de comprendre comment utiliser chaque mot, ils sont présentés dans la colonne suivante dans des exemples qui sont eux-aussi traduits.

2 오디오 자료

이 교재의 오디오 파일은 강남 알리앙스 프랑세즈 원어민 선생님들의 목소리로 녹음되어 있습니다. 전문 성우가 아닌 훈련되지 않은 원어민의 발음을 통하여 학습자가 실제 상황에서 학습한 단어를 보다 잘 캐치할 수 있도록 하였습니다.

효과적인 학습을 위해 다음의 QR 코드를 통해 오디오 파일을 다운로드 받고 반복하여 듣고 따라 읽으시기 바랍니다.

Les fichiers audio de ce manuel sont enregistrés avec les voix d'enseignants natifs de l'Alliance Française de Gangnam. Afin d'avoir une qualité d'audio la plus proche de la réalité des locuteurs natifs en situation de communication, ces audios n'ont pas été réalisés par des doubleurs professionnels. De fait, cette prononciation permettra aux étudiants d'identifier et de reconnaitre au mieux les mots dans les situations réelles.

Pour un apprentissage efficace, veuillez télécharger le fichier audio via le code QR ci-dessous, écoutez-le à plusieurs reprises tout en lisant les mots et exemples correspondants.

오디오 파일

3 예시문 읽기

챕터마다 상황에 맞는 예시문을 볼 수 있습니다. 신문 기사, 대화문 그리고 DELF B2 작문 예시 등입니다.

챕터 시작 페이지에 삽입된 QR 코드를 통해 예시문을 읽으실 수 있습니다.

Ce manuel vous propose pour chaque chapitre des mises en situations : des articles de journaux, des dialogues d'exemple, des exemples de productions écrites.

Pour les consulter, scannez les codes QR sur les pages d'introduction de chaque chapitre.

4 약자 표기법

Abréviations 약 어	**Sens en français** 프랑스어 의미	**Coréen** 한국어
fam.	Usage familier	구어체
v.	Verbe	동사
adv.	Adverbe	부사
adj.	Adjectif	형용사
n. m.	Nom masculin	남성 명사
n. f.	Nom féminin	여성 명사
pl.	Pluriel	복수형
loc. v.	Locution verbale	동사구

Abréviations 약 어	Sens en français 프랑스어 의미	Coréen 한국어
loc. adv.	Locution adverbiale	부사구
loc. adj.	Locution adjectivale	형용사구
loc. n.	Locution nominale	명사구
inf.	Infinitif	동사원형
ind.	Indicatif	직설법
subj.	Subjonctif	접속법
cond.	Conditionnel	조건법
qqc	Quelque chose	(어떤) 사물
qqn	Quelqu'un	(어떤) 사람

Sommaire 목차

1 Exprimer son opinion — 의사 표현 — 1
- Donner des arguments — 의견 제시하기 — 3
- Exprimer son accord — 동의하기 — 10
- Acquiescer à l'opinion d'autrui — 타인의 의견에 동의하기 — 14
- Exprimer son désaccord — 반대하기 — 16

2 Éducation — 교육 — 21
- Les écoles — 학교 — 23
- Les diplômes — 학위 — 28
- Les cours — 수업 — 31
- Les devoirs et les examens — 과제와 시험 — 47
- Les professionnels de l'éducation — 교육 관련 직업 — 53

3 Internet et technologies — 인터넷과 기술 — 55
- Le matériel — 기기 — 57
- Les réseaux sociaux — SNS — 64
- Les sites internet — 웹사이트 — 70
- Les effets de l'utilisation d'Internet — 인터넷 사용의 영향 — 74
- Les e-mails — 이메일 — 79

4 Moments de la vie — 인생의 순간들 — 83
- Les repas — 식사 — 85
- Les loisirs et les passe-temps — 여가와 취미 — 91
- Les périodes de la vie — 삶의 단계 — 95

5 Sentiments et émotions — 감정 — 103

- [ ] Les sentiments — 감정 — 105
- [ ] La joie — 기쁨 — 109
- [ ] La tristesse — 슬픔 — 112
- [ ] L'amour et l'amitié — 사랑과 우정 — 114
- [ ] La colère — 분노 — 118

6 Administration et politique — 행정과 정치 — 121

- [ ] La démocratie — 민주주의 — 123
- [ ] La gouvernance — 정치 — 126
- [ ] Le vote — 투표 — 131
- [ ] La législation — 입법 — 134
- [ ] L'opposition — 반대 — 141
- [ ] Les partis — 정당 — 145
- [ ] Les professionnels de la politique — 정치 관련 직업 — 151
- [ ] Les impôts — 세금 — 154
- [ ] Les institutions — 기관 — 156

7 Presse et médias — 언론과 미디어 — 159

- [ ] La composition d'un journal — 신문 구성 — 161
- [ ] Les médias — 미디어 — 167
- [ ] Réagir aux médias — 언론에 반응하기 — 174
- [ ] Les professionnels de la presse — 언론 종사자 — 177

8 Accidents — 사건 사고 — 181

- [ ] Les délits et crimes — 범죄 — 183
- [ ] Les forces de l'ordre — 경찰력 — 193
- [ ] Les types d'accidents — 사고 유형 — 199

9 Économie — 경제 — 205

- Analyser des chiffres — 수치 분석하기 — 207
- L'évolution — 변화 — 213
- L'augmentation — 증가 — 215
- La diminution — 감소 — 220
- Les entreprises et les affaires — 회사와 비즈니스 — 225
- Le système économique — 경제 체제 — 236

10 Santé — 건강 — 247

- La santé — 보건 — 249
- Les maladies et les symptômes — 질병과 증상 — 253
- Les traitements — 치료 — 269
- Le personnel soignant — 의료진 — 277

11 Environnement — 환경 — 281

- La nature — 자연 — 283
- La pollution — 오염 — 286
- Les énergies — 에너지 — 294
- Protéger la planète — 환경 보호 — 297
- Les catastrophes naturelles — 자연 재해 — 301

12 Emploi — 일 — 307

- Les emplois — 직업 — 309
- Le droit de travail — 노동권 — 315
- Les étapes de l'emploi — 직장 생활 — 319
- Les locutions et expressions — 관용 표현 — 324
- Le salaire — 급여 — 328

13 Connecteurs logiques — 접속사 — 331

- Introduire — 도입 — 333
- Ajouter des arguments — 의견 덧붙이기 — 335
- Conclure — 결론 짓기 — 339
- Donner des exemples — 예시 들기 — 341
- L'expression du but — 목적 — 343
- L'expression de la cause — 원인 — 346
- L'expression de la conséquence — 결과 — 349
- L'expression de la condition et de l'hypothèse — 조건과 가정 — 353
- L'expression de l'opposition — 반대 — 356
- L'expression de la concession — 양보 — 358
- L'expression de la comparaison — 비교 — 362
- L'expression du doute, de l'hésitation — 의심과 주저 — 364

1

Exprimer son opinion
의사 표현

Donner des arguments
의견 제시하기

1	**Un avis** n. m. 생각	Après avoir écouté le débat télévisé, j'ai changé d'avis. 나는 TV 토론회를 듣고 생각을 바꿨다. Je donne mon avis trop souvent si j'écoute mes parents, pourtant mes profs n'arrêtent pas de me demander de l'exprimer. 부모님 말씀으로는 내가 너무 자주 내 생각을 말하지만, 선생님들은 계속해서 의견을 표현하라고 요구하신다. C'est peut-être mon avis personnel, mais... 제 개인적인 생각이겠지만...
2	**Un argument** n. m. 논거	Elle a présenté de nombreux arguments. 그녀는 많은 논거를 댔다.
3	**Argumentatif(ve)** adj. 논거 제시의, 논증의	Dès qu'on lui parle, il ne peut pas s'empêcher d'être argumentatif. 그는 사람들이 말을 걸기만 하면 논박한다. Un essai argumentatif 논설문

Exprimer son opinion

4	**Une analyse** n. f. 분석	Chaque situation mérite une analyse complète avant d'arriver à une conclusion satisfaisante. 모든 상황은 만족스러운 결론에 이르기 전까지 완벽한 분석을 거칠 필요가 있다.
5	**Un aspect** n. m. 국면, 양상	Aspects positifs / négatifs 긍정직인 면 / 부정적인 면 Afin de pouvoir correctement prendre en compte votre avis, expliquez-moi les différents aspects de votre conclusion ! 당신의 생각을 온전히 이해할 수 있도록, 결론을 다양한 각도로 설명해주세요.
6	**Un débat** n. m. 토론	Le débat électoral sera télévisé aujourd'hui sur TV5. 선거토론이 오늘 TV 5 에서 방송될 것이다.
7	**Une opinion** n. f. 의견	Toute opinion est bonne à prendre, tout du moins c'est ce que dit le dicton mais je ne suis pas sûr que ce soit vrai. 속담에 따르면 모든 의견이 받아들일 가치가 있다고 말하지만, 나는 그 말이 사실인지 모르겠다.
8	**Une idée** n. f. 생각, 아이디어	Pouvoir exprimer ses idées est une des valeurs principales de la France. 자신의 생각을 표현하는 것은 프랑스에서 가장 중요한 가치 중 하나다.
9	**Une pensée** n. f. 사고, 생각, 의견	J'ai des pensées tristes en ce moment. 나는 요즘 슬픈 생각이 많이 든다.

의사 표현

10 Une décision
n. f.
결정

Les décisions prises lors de ce conseil seront de la plus haute importance, alors réfléchissez-bien avant de statuer.
의사회에서 내린 결정은 매우 중요할 것이다. 그러니 상정하기 전 숙고하기 바란다.

11 Prendre une décision
loc. v.
결정을 내리다

Se décider
v.
결정을 내리다

J'ai enfin pris ma décision finale : je vais partir en Europe, la vie m'y semble plus simple.
드디어 결정했다. 난 유럽에 갈 것이다. 그 곳에서의 삶이 더 단순해 보이기 때문이다.

Pour se décider, il vaut toujours mieux entendre différents points de vue.
결정을 내리기 위해 다양한 관점을 듣는 것이 바람직하다.

12 Un point de vue
loc. n.
견해, 관점

Donnez votre point de vue à propos de ce sujet.
이 주제에 대한 당신의 견해를 제시하세요.

13 Un préjugé
n. m.
선입견, 편견

J'évite d'avoir des préjugés sur une personne que je ne connais pas.
내가 모르는 사람에 대해 편견을 갖지 않으려 한다.

14 Un jugement
n. m.
판단, 의견

J'ai donné un jugement trop rapidement.
나는 판단을 너무 빨리 내렸다.

15 Donner / Exprimer / Émettre un jugement
loc. v.
판단을 내리다, 판단하다

Tu émets encore des jugements hâtifs sans vraiment prendre le temps de tout prendre en compte : ça te portera préjudice.
넌 또 모든 걸 고려하지 않고 서둘러 판단하고 있어. 그러다 큰 코 다칠 거야.

Exprimer son opinion

16	**Une raison** n. f. 이성, 이유, 원인, 논거	Si je t'écoute, toutes les raisons sont bonnes pour faire ce que tu veux mais tu ne prends pas en considération mes sentiments. 네 말을 듣자니, 네가 하고 싶은 걸 위해서는 모두 이유가 있지만, 내 기분은 고려하지 않는 것 같아.
17	**Donner raison à qqn** loc. v. ~이 옳다고 인정하다	Je ne peux pas te donner raison. 나는 네 말을 인정할 수 없어.
18	**Le tort** n. m. 틀림, 잘못	Je m'inquiétais à tort. 잘못 알고 걱정했네. 표현 À tort 잘못해서
19	**Avoir tort de + inf.** loc. v. ~하는 것은 잘못이다	J'ai eu tort de le dire. 나는 그 말을 하지 말았어야 했다.
20	**Une impression** n. f. 인상, 감명	Quelles sont vos impressions sur le discours d'hier du président ? 어제 있었던 대통령 담화에 대해 어떻게 생각하시나요?
21	**Avoir l'impression que** loc. v. ~인 듯하다	J'ai l'impression qu'il m'aime. 그가 나를 좋아하는 것 같아.
22	**Une discussion** n. f. 협의, 토의	Nous avons eu une discussion très sérieuse ce matin. 우리는 오늘 아침에 아주 진지한 대화를 나눴다.

의사 표현

23	**Constater** v. 확인하다	Je constate que tu n'as pas fait tes devoirs ! 너 딱 보니 숙제를 안 했구나 !
24	**Manifester** v. 표시하다, 나타내다	Il a manifesté sa colère. 그는 화를 냈다. Manifeste-toi si tu as quelque chose à dire ! Ne reste pas les bras ballants ! 하고 싶은 일이 있으면 표현해! 손 놓고 있지 말고!
25	**Trouver qqc / qqn + adj.** v. ~를 …하다고 생각하다 **Trouver que …** v. ~라고 생각하다	Je trouve son expression juste. 나는 그의 표현이 정확하다고 본다. Il va sans dire que trouver que nos amis ont raison par fidélité n'est pas légitime. 단순히 알고 지낸 시간이 길다고 해서 친구들이 옳다고 생각하는 것은 어불성설이다.
26	**Estimer que** v. 평가하다, 생각하다	J'estime que j'ai bien travaillé. 나는 내가 일을 잘했다고 생각한다. J'estime qu'après tout le travail fourni, nous méritons plus que des remerciements. 우리가 일을 열심히 했으니, 앞으로 고맙다는 말을 듣는 일만 남았다고 생각한다.
27	**Sembler** v. ~인 것 같다	Il me semble qu'il n'y ait rien de grave. 전혀 심각하지 않다고 본다.
28	**Remarquer** v. 알아차리다, 지적하다	J'ai remarqué qu'il y avait une erreur. 나는 오류 하나를 발견했다.

Exprimer son opinion

29	**Une remarque** n. f 지적, 충고, 주의	Il a bien pris ma remarque. 그는 내 지적을 긍정적으로 받아들였다.
30	**Préciser** v. 분명히 하다	Elle a précisé ses intentions. 그녀는 의도를 명확하게 말했다.
31	**Affirmer** v. 단언하다, 확언하다	Elle affirme n'avoir aucune responsabilité dans la suite des procédures mais je suis convaincu qu'il en est autrement. 그녀는 이후 절차에 있어 어떤 책임도 인정하지 않지만, 나는 분명히 책임이 있다고 믿는다.
32	**Exprimer** v. 표현하다	Je ne sais comment exprimer mon admiration. 내 감탄을 어떻게 표현해야 할지 모르겠다.
33	**Déclarer** v. 표명하다, 선포하다	Le gouvernement a déclaré les mesures contre la Covid 19. 정부는 Covid 19 대응책을 발표했다. Je tiens à déclarer que je n'ai rien à me reprocher. 제가 비판받을 이유는 없음을 분명히 하고 싶군요.
34	**Décrire** v. 묘사하다	Décrire les choses telles qu'elles sont. 사물을 있는 그대로 묘사하다
35	**Interroger** v. 묻다, 질문하다	Il interroge les étudiants. 그는 학생들에게 질문한다.

36	**S'exclamer**	Ils s'exclament de joie.
	v.	그들은 기쁨의 탄성을 질렀다.
	~라고 외치다	Face à la réaction raciste de certains, je ne peux que m'exclamer !
		일부 사람들의 인종차별적 반응을 보고 있자니 탄식이 절로 나온다!

Exprimer son opinion

Exprimer son accord
동의하기

37	**Un accord** n. m. 동의, 합의	Ils sont arrivés à un accord. 그들은 합의에 이르렀다.
38	**Admirer** v. 감탄하다, 찬양하다	J'admire votre confiance. 당신의 자신감이 놀랍네요.
39	**Aller de soi (que)** loc. v. (~는 것은) 자명하다	Cela va de soi. 그건 자명하다 / 당연하다. Il va de soi que tout le monde est de ton avis. 모두 네 의견에 동의하는 것은 당연하다.
40	**Approuver** v. 찬성하다, 허가하다, 승인하다	Je n'approuve pas la décision de mes parents. 나는 부모님의 결정을 인정하지 않는다. 반의어 Désapprouver 반대하다
41	**Acquiescer à qqc** **Consentir à qqc** v. 동의하다, 승낙하다	Le ministre ne peut consentir à cette demande. 장관은 그 요구를 승낙할 수 없다.

42	**Admettre** v. 인정하다, 허락하다, 수락하다	J'admets que je n'ai pas été gentille avec elle. 내가 그녀에게 살갑지 않았다는 걸 인정한다. 유의어 Accorder 동의하다 Reconnaître 인정하다
43	**Le pour et le contre** loc. n. m. 찬성과 반대, 찬반	On va discuter le pour et le contre. 우리는 찬반을 논할 것이다.
44	**Être pour / contre** loc. v. 찬성하다 / 반대하다	Êtes-vous pour ou contre la peine de mort ? 사형제에 찬성하시나요, 반대하시나요?
45	**Clair(e)** **Évident(e)** adj. 확실한, 명백한	Il est clair / évident qu'il n'a aucune idée sur cette question. 그가 이 문제에 관해 어떤 생각도 없다는 것이 분명하다.
46	**Logique** adj. 합리적인, 논리적인	C'est un spécialiste, il est logique qu'il soit invité à ce congrès. 그는 전문가이고, 그가 이 학회에 초대된 것은 당연한 일이다. 반의어 Illogique 비합리적인
47	**Cohérent(e)** adj. 일관된, 논리적인	Le témoignage de ce témoin n'est pas cohérent. 증인의 진술 내용이 일관적이지 않다.
48	**Une conviction** n. 확신, 자신	J'ai la conviction qu'il n'y a pas d'erreur. 나는 오류가 없다고 확신한다. 표현 Avoir la conviction que … ~라고 확신하다

Exprimer son opinion

49	**Défendable** adj. 옹호할 수 있는	Sa réaction n'est pas **défendable**. 그의 반응은 옹호할 수 없다. 반의어 Indéfendable 옹호할 수 없는
50	**Persuadé(e)** adj. 확신하는	Je suis **persuadé** que tout le monde sera pour. 모두가 동의할 것이라고 나는 확신한다. 유의어 Convaincu(e) 확신하는, 믿어 의심치 않는 Sûr(e) 확신하는, 자신하는; 확실한
51	**Préférable** adj. 더 나은, 바람직한	Il est **préférable** que tu te reposes durant le week-end. 네가 주말동안 쉬는 것이 더 나을 것이다.
52	**Faisable Réalisable** adj. 할 수 있는, 실현 가능한	C'est **faisable**, à condition d'être patient. 끈기만 있다면 할 만한 일이다. 반의어 Impossible 불가능한 Infaisable, Irréalisable 실행 불가능한
53	**Probable** adj. 있을 법한, 가능성 있는	Il est peu **probable** qu'il soit perdu. 그가 길을 잃는다는 것은 있을 수 없는 일이다. 표현 Peu probable 있을 수 없는, 드문
54	**Rationnel(le)** adj. 합리적인	Mon père a vraiment un esprit **rationnel**. 우리 아버지는 정말 합리적인 사람이다. 반의어 Irrationnel(le) 불합리한, 비이성적인
55	**Raisonnable** adj. 이성적인	Tu as pris une décision **raisonnable**. 넌 이성적인 결정을 내렸어. 반의어 Irraisonnable 이성이 없는, 무분별한, 몰지각한

의사 표현

| 56 | **Vraisemblable** adj. 있음직한, 진실 같은 | Il est vraisemblable qu'il réussira à l'examen. 그는 정말로 시험을 통과한 것 같다. 반의어 Invraisemblable 비현실적인, 있음직하지 않은 |

| 57 | **Indispensable** adj. 없어서는 안 될, 필수적인 | Il est indispensable de boire beaucoup d'eau. 물을 많이 마시는 것은 매우 중요하다. 유의어 Nécessaire 필수적인, 필요한 Essentiel(le) 필수불가결한, 중요한 |

| 58 | **Indéniable** adj. 부정할 수 없는 | Il est indéniable qu'il a tort. 그가 틀렸다는 것은 부정할 수 없는 사실이다. |

| 59 | **Positif(ve)** adj. 긍정적인 | J'attends votre réponse positive. 당신의 긍정적인 답변 기다리겠습니다. 반의어 Négatif(ve) 부정적인 |

| 60 | **Réaliste** adj. 현실적인 **Être terre à terre** loc. v. 현실적이다 | Cette œuvre manque de réalisme. 이 작품은 현실성이 부족하다. Il ne faut pas se perdre dans des spéculations sans être terre à terre. 너무 현실적이지 않은 선에서 사변에 빠지지 않아야 한다. 반의어 Irréaliste 비현실적인 |

Exprimer son opinion

Acquiescer à l'opinion d'autrui
타인의 의견에 동의하기

61	**Sûrement** adv. 반드시, 확실하게	On va sûrement réussir cette fois-ci. 우리는 이번에 꼭 성공할 것이다
62	**Absolument** adv. 절대적으로, 꼭	Il veut absolument vous voir. 그는 당신을 꼭 만나고 싶어한다.
63	**Exactement** adv. 정확히, 완전히 (문두에서) 맞아요	La version rééditée n'est pas exactement la même que l'original. 재판은 원본과 완전히 같지는 않다.
64	**Tout à fait** adv. 정확히, 완전히 (문두에서) 맞아요	Il n'a pas tout à fait tort. 그가 완전히 틀린 것은 아니다. Tout à fait ! 맞아요!

의사 표현

| 65 | **Effectivement**
 adv.
 확실히, 정말로
 (문두에서) 맞아요 | Le problème est effectivement complexe.
 확실히 그 문제는 복잡하다
 Effectivement ! 맞아요! |

| 66 | **Évidemment**
 adv.
 확실히, 물론 | C'est évidemment ta faute.
 그것은 당연히 너의 잘못이다. |

| 67 | **En effet**
 adv.
 (상대방의 말에 동의하며) 그래 ;
 실제로, 예를 들어 | En effet, tu as raison.
 그래, 네 말이 맞다.
 En effet, la recherche scientifique confirme l'impact positif de l'exercice régulier sur la santé mentale.
 실제로 과학 연구는 규칙적인 운동이 정신 건강에 미치는 긍정적인 영향을 인정했다. |

Exprimer son opinion

Exprimer son désaccord
반대하기

68	**Un conflit** n. m. 대립, 갈등	Les conflits sont inévitables lorsqu'on présente un projet ; ils permettent d'ailleurs d'arriver à une solution plus complète. 프로젝트 제안 시 생기는 갈등은 피할 수 없다. 오히려 더 완전한 해결 방안을 찾는 데 도움을 준다.
69	**Un désaccord** n. m. 불일치, 대립	En cas de désaccord les personnes doivent prendre le temps de discuter. 의견이 다를 경우, 사람들은 충분히 시간을 가지고 대화해야 한다.
70	**Être en désaccord avec + qqn / qqc** loc. v. ~와 대립하다	Ils sont en désaccord avec le gouvernement. 그들은 정부와 반대의 입장에 있다.
71	**Absurde** adj. 비상식적인, 터무니없는	Il est absurde de penser que cela changera. 그것이 변할 것이라고 생각하는 것은 비상식적이다. 유의어 Aberrant(e), Déraisonnable 비상식적인

72	**Sans conteste** loc. adv. 단연코, 분명히	C'est sans conteste, la pire idée que je n'ai jamais entendue. 내가 들은 것 중 단연코 최악의 아이디어이다.
73	**Contestable** adj. 이의가 있는, 의심스러운	Sa théorie manque de preuve. C'est contestable. 그의 이론은 근거가 부족하다. 이론의 여지가 있다. **유의어** Discutable 따져볼 만한, 이론의 여지가 있는
74	**Être en contradiction avec + qqn / qqc** loc. v. ~와 모순이 되다	Ses paroles sont en contradiction avec ses actes. 그 사람이 하는 말은 행동과 모순된다.
75	**Contradictoire** adj. 반론의, 반대의	Cette théorie est contradictoire avec les théories préexistantes. 이 이론은 기존의 이론과 모순된다.
76	**Une controverse** n. m. 논쟁, 논의	Son œuvre a provoqué une vive controverse. 그의 작품은 격렬한 논쟁을 일으켰다.
77	**Controversé(e)** adj. 논쟁적인	C'est devenu l'objet d'un débat controversé. 그것은 논쟁의 대상이 되었다.
78	**Une critique** n. m. 비판, 비평	Il faut savoir accepter des critiques. 비판을 받아들일 줄도 알아야 한다.

● Exprimer son opinion

79	**Critiquer** v. 비평하다, 비판하다	Il a critiqué la politique extérieure du gouvernement. 그는 정부의 대외 정책을 비판했다.
80	**Critiquable** adj. 비판받을 만한	Votre conduite est critiquable. 당신의 행태는 비난받을 만하다.
81	**Divergent(e)** adj. 일치하지 않는, 다른	J'ai un avis divergent du tien. 나는 너와 다른 의견을 가지고 있어.
82	**Un doute** n. m. 의심, 의혹	Il n'y a aucun doute. 의심의 여지가 없다. 표현 Sans aucun doute 틀림없이 　　　Sans doute 아마도
83	**Insensé(e)** adj. 비상식적인, 말도 안 되는, 무분별한	Quel monde insensé ! 이런 말도 안 되는 세상! Ce que tu dis est insensé ! 네가 하는 이야기는 말도 안 돼! 반의어 Sensé(e) 분별 있는, 합리적인, 이치에 맞는
84	**Nier** v. 부정하다, 부인하다	Il nie tous les faits qui lui sont reprochés. 그는 꾸지람 들은 사실을 하나같이 부정한다.
85	**S'opposer à** v. ~에 반대하다, 반박하다	Je ne peux pas dignement vous écouter sans m'opposer à ce que vous venez de mentionner : c'est ignoble ! 당신이 하는 말을 토 달지 않고 가만히 듣고 있을 수가 없군요. 끔찍합니다!

의사 표현

86	**Opposé(e) à** adj. ~와 대조적인, ~에 반대하는	Elle est opposée à tout ce que tu peux lui dire parce que ça vient de toi ! 걔는 네가 하는 말에 사사건건 반대해! 단지 네 입에서 나온 말이라 그래!
87	**Une opposition** n. f. 반대 ; 야당	L'opposition ne laissera pas passer cette loi sans réagir. 야당은 결코 이 법을 조용히 통과시키지 않을 것이다.
88	**Une polémique** n. f. 논란	La récente décision du gouvernement a suscité une polémique intense parmi les citoyens. 정부의 최근 결정은 시민들 사이에서 큰 논란이 되었다.
89	**Faire polémique** loc. v. 논란을 일으키다	Ce débat a fait polémique au sein de leur équipe. 그 토론은 그들의 팀 사이에서 논란을 일으켰다.
90	**Une problématique** n. f. (집합적) 문제, 문제 제기, (논설, 논문 등의) 중심 문제	Comment définir une problématique dans un mémoire ? 석사 논문의 중심 문제는 어떻게 정할 수 있을까? Pour la production orale du DELF B2, il faut toujours commencer par choisir une problématique. 델프 B2 구술 시험은 중심 문제를 설정하는 것으로 시작해야 한다.
91	**Problématique** adj. 문제적인	Le taux de chômage est problématique. 실업률은 문젯거리다.

Exprimer son opinion

92	**Ridicule** adj. 우스꽝스러운, 어리석은,	Quelle situation ridicule ! 이렇게 터무니 없는 상황이라니! 유의어 Stupide, Idiot(e) 어리석은, 바보 같은
93	**Un scandale** n. m. 추문, 스캔들, 논란	Ce scandale politique a viré à une affaire d'État. 이 정치 스캔들은 국가 차원의 문제로 변했다.
94	**Scandaleux(euse)** adj. 논란적인, 추잡스러운, 파렴치한 ; 지나친	Les photos de Britney Spears avec ses enfants sont scandaleuses. 브리트니 스피어스와 아이들의 사진은 논란적이다.
95	**Une avalanche de réactions / critiques** loc. n. f. 봇물 같은 반응 / 비난	Le nouveau numéro du magazine a reçu une avalanche de critiques pour son article principal sur les 10 meilleures façons de perdre du poids. 잡지의 이번 호는 살을 빼는 10 가지 방법을 주요 기사로 다루어 봇물 같은 비난을 받았다.
96	**Faire réagir** loc. v. 반응이 거세다	La récente nomination du nouveau premier ministre fait réagir. 최근 총리 임명의 반응이 거세다.
97	**Rejeter** v. 거절하다, 거부하다	Il rejette toutes mes propositions. 그는 내 모든 제안을 거절한다. 유의어 Refuser 거절하다
98	**Décliner** v. 거절하다, 사양하다	J'ai le regret de décliner votre invitation. 초대를 거절하게 되어 유감입니다.

2

Éducation
교육

Les écoles

학교

1	**Un système éducatif** n. m. 학제, 교육제도	Le système éducatif se doit de préparer les étudiants à la réalité. 교육제도는 현실에 대비할 수 있도록 학생들을 준비시켜야 한다.
2	**Un établissement scolaire** n. m. 교육 기관, 학교	Choisir le bon établissement scolaire pour l'enseignement supérieur est une décision cruciale. 고등교육(대학과정)을 위해 좋은 학교를 선택하는 것은 중요한 결정이다.
3	**Une crèche** n. f. 탁아소	De plus en plus de villes souffrent du manque de crèches. 점점 더 많은 도시들이 어린이집 부족으로 고통을 겪고 있다.
4	**Une école primaire** n. f. 초등학교	L'école primaire est parfois difficile. 초등학교는 가끔 어렵다.

Éducation

5	**Un collège** n. m. 중학교	Au collège, les élèves étudient un large éventail de matières, y compris les mathématiques, les sciences et les langues. 중학교에서 학생들은 수학, 과학, 언어를 포함한 다양한 범위의 과목을 배운다.
6	**Un lycée** n. m. 고등학교	Les années de lycée sont cruciales pour la préparation des examens universitaires et le choix des filières spécifiques. 고등학교에서의 학업은 대입 시험 준비와 구체적인 전공 선택에 있어 매우 중요하다.
7	**Une université** n. f. 대학교	En France, l'université est censée être gratuite. 프랑스에서 국립 대학은 보통 무료이다.
8	**Une école préparatoire (prépa)** loc. n. f. 준비 학교 (준비반)	La prépa est une des écoles les plus dures. 그랑제꼴 준비반은 가장 어려운 학교 중 하나이다.
9	**Une grande école** **Les grandes écoles** loc. n. f. 그랑제꼴(프랑스 엘리트 학교)	Pour accéder aux grandes écoles, les étudiants doivent passer par plusieurs étapes de sélection. 그랑제꼴에 진학하기 위해 학생들은 여러 선별 과정을 거쳐야 한다.
10	**Une école de commerce** loc. n. f. 상업 학교, 경영 대학	Les écoles de commerce sont des instituts d'enseignement très chers. 상업 학교는 매우 비싼 교육기관이다.

11	**Supérieur(e)** adj. 우위의, 상급의, 우월한	Presque tous les lycéens ont accès à l'enseignement supérieur. 거의 모든 고등학생들은 고등교육(대학과정)을 받게 된다.
12	**L'enseignement primaire** loc. n. m. 초등 교육(유치원, 초등학교)	L'enseignement primaire vise à développer les compétences de base, telles que la lecture, l'écriture et le calcul. 초등 교육은 읽기, 쓰기, 계산 등 기초적인 능력을 계발하는 것을 목표로 한다.
13	**L'enseignement secondaire** loc. n. m. 중등 교육(중학교, 고등학교)	L'enseignement secondaire est une étape intermédiaire du système éducatif. 중등 교육은 교육제도의 중간 단계이다.
14	**L'enseignement supérieur** loc. n. m. 고등 교육(대학 이상)	L'enseignement supérieur offre une opportunité d'approfondir ses connaissances dans un domaine particulier et de se préparer à une carrière spécialisée. 대학 교육은 특정 분야의 지식을 함양하고 전문 커리어에 대비할 기회를 제공한다.
15	**Une école publique** loc. n. f. 공립 학교	En France, l'école publique est gratuite. 프랑스에서는 공립 학교는 무료이다.
16	**Une école privée** loc. n. f. 사립 학교	Les parents en scolarisant leurs enfants, ont le choix entre école publique et école privée. 부모들이 자녀를 취학시킬 때 공립 학교와 사립 학교라는 선택지가 있다.

Éducation

17	**Une école mixte** loc. n. f. 남녀 공학	Les écoles mixtes sont les seules écoles en France. 프랑스에는 남녀 공학밖에 없다.
18	**Une classe** **Une salle de classe** n. f. 반, 수업, 교실	C'est une petite école de campagne : seule une classe par niveau est ouverte. 이곳은 시골의 작은 학교이다. 학년당 한 학급만 개설된다.
19	**Un amphithéâtre (amphi)** n. m. 강당, 계단식 강의실	J'ai cours dans trois amphis différents. 나는 대형 강의실 세 곳에서 수업이 있다.
20	**Une bibliothèque universitaire (BU)** loc. n. f. 대학 도서관	Avant les partiels, je passe toutes mes journées à la BU pour réviser. 중간고사 전, 복습을 위해 대학 도서관에서 온종일을 보낸다.
21	**Une cantine** n. f. 구내식당, 학생식당	La nourriture à la cantine est toujours meilleure quand c'est un self-service. 구내식당 음식은 셀프 서비스일때 항상 더 뛰어나다.
22	**Un restaurant universitaire (resto U / RU)** loc. n. m. 대학식당	On n'a qu'à aller au resto U, c'est moins cher. 가격이 저렴하다 보니 우린 대학식당에 갈 수밖에 없다.

23	**Une cour de récréation** n. f. 운동장	La cour de récréation est le théâtre de tous les drames en primaire. 초등학교에서 운동장은 온갖 사건이 일어나는 장소이다.
24	**Une récréation (récré)** n. f. 휴식, 기분 전환	Les cartes Pokémon et autres jouets ont été interdits à la récré car ils créent des tensions entre les enfants. 포켓몬 카드는 아이들 사이에 갈등을 유발하는 탓에 운동장에서 사용이 금지되었다.
25	**Une gym** n. f. 체육관	Les élèves sont réunis dans la gym. 학생들이 체육관에 모였다.
26	**Une salle informatique** loc. n. f. 전산실	Certains cours sont assurés en salle informatique. 일부 수업은 전산실에서 이루어진다.
27	**Une résidence universitaire** loc. n. f. 대학 기숙사	Malgré le petit loyer avantageux, les résidences universitaires sont souvent inconfortables. 월세가 저렴해도, 일반적으로 기숙사는 불편하다.
28	**Le CROUS** n. m. 프랑스국립기숙사 (대학생활지원센터)	Les logements CROUS partent à une vitesse folle. Crous 기숙사는 엄청난 속도로 만실이 된다.

Éducation

Les diplômes
학위

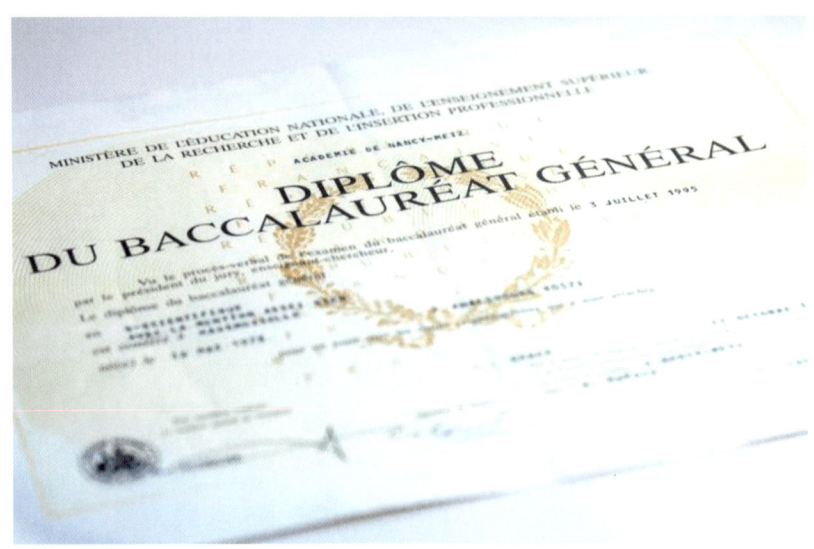

29	**Un brevet (des collèges)** n. m. 중등 교육 졸업시험	Le brevet des collèges est le premier grand examen que les élèves passent dans leur vie. 중학교 졸업시험은 학생들이 인생에서 처음으로 치르는 중요한 시험이다.
30	**Le baccalauréat (Le bac)** n. m. 바깔로레아 (프랑스 대입 자격 시험)	Malgré le taux de réussite très élevé, le bac reste une étape importante et stressante pour les lycéens. 합격률이 높기는 하지만, 바칼로레아는 여전히 고등학생들에게 중요하고 부담이 되는 과정이다.
31	**Un master** n. m. 석사, 석사 과정	Beaucoup de licenciés n'ont pas les notes suffisantes pour entrer en master. 많은 대학 졸업생들이 석사 과정에 진학하기 위해 필요한 성적을 받지 못하고 있다.

| 32 | **Un doctorat**
n. m.
박사, 박사 과정 | Après mon doctorat, j'espère trouver un poste dans une bonne université.
박사 과정 후, 나는 좋은 대학교에서 자리를 얻고 싶다. |

| 33 | **Un mémoire**
n. m.
석사 학위 논문 | J'ai écrit mon mémoire à la dernière minute.
나는 끝에 가서야 논문을 작성한다. |

| 34 | **Une thèse**
n. m.
박사 학위 논문 | Mon grand frère répète tout le temps son discours de soutenance de thèse.
우리 형은 박사 논문 심사에서 할 발표를 계속 연습한다. |

| 35 | **Être diplômé(e)**
v.
학위를 취득하다 | Être diplômé n'est pas toujours synonyme de succès.
학위를 취득했다고 해서 항상 성공하는 것은 아니다. |

| 36 | **Obtenir une mention**
(Très bien / Bien / Assez bien)
loc. v.
좋은 평점을 받다
(최우수, 우수, 양호) | Les élèves au bac essayent d'obtenir une mention pour accéder aux meilleures écoles.
바칼로레아에 응시하는 학생들은 더 좋은 학교에 진학할 수 있게끔 좋은 평점을 받으려고 노력한다. |

| 37 | **Un stage**
n. m.
실습, 연수 | À la sortie des études, les jeunes diplômés peuvent remplir leur CV avec leurs expériences de stage.
졸업 때 학위 소지자들은 이력서에 자신들의 연수 경력을 작성할 수 있게 된다. |

Éducation

| 38 | **Un stagiaire**
n. m.
실습자, 연수자, 인턴 | Souvent si les stages ne sont pas rémunérés, les stagiaires sont un peu des esclaves.
인턴십 임금을 지불하지 않는다면, 인턴들은 노예와 다름없다. |

| 39 | **Une alternance**
n. f.
교대, 교체;
(일과 수업을 병행하는) 인턴

Être en alternance
loc. v.
(일과 수업을 병행하는) 인턴십을 거치다 | Une fois finie votre formation en alternance, vous aurez de bonnes chances d'être pris ailleurs.
실습 연수가 끝날 때쯤, 다른 곳에 채용될 좋은 기회들이 생길 것이다. |

Les cours
수업

40	**Une matière** n. f. 과목, 분야	Chaque année, les élèves doivent travailler sur de nombreuses matières différentes des sciences à la littérature. 매년 학생들은 과학부터 문학에 이르기까지 다양한 과목을 공부해야 한다.
41	**Un cours** n. m. 수업, 강의	Les profs préparent souvent leurs cours l'été. 선생님들은 주로 여름에 수업을 준비한다.
42	**Prendre un cours** loc. v. 수강하다	Pour apprendre plus rapidement le français, je prends deux cours à l'Alliance Française. 프랑스어를 빨리 배우기 위해서, 나는 알리앙스 프랑세즈에서 수업을 2개 듣고 있다.
43	**Suivre un cours** loc. v. 수업을 (계속) 듣다	Suivre les cours de ce prof relève du parcours d'obstacles. 이 선생님의 수업을 따라가는 건 난관이다.

Éducation

44	**Aller en cours** loc. v. 수업에 가다, 등교하다	Regarder les étudiants aller en cours c'est comme regarder un défilé de mode. 학생들이 등교하는 모습을 보는 것은 마치 패션쇼와 같다.
45	**Sécher les cours** loc. v. 땡땡이치다, 수업을 빼먹다	Les mauvais élèves sont ceux qui sèchent les cours régulièrement. 불량 학생이란 자주 땡땡이를 치는 이들을 말한다.
46	**Étudier** v. 공부하다	J'étudie le français depuis 2 ans. 나는 2 년째 프랑스어를 공부 중이다.
47	**Des études** n. f. pl. 공부, 학업, 연구	Faire de longues études demande un certain budget. 오랜 시간 학업을 계속하는 것은 상당한 비용을 요한다.
48	**Apprendre** v. 배우다	J'adore apprendre différentes cultures. 나는 다양한 문화를 배우는 것을 좋아한다.
49	**Un apprentissage** n. m. 견습, 실습, 입문	L'apprentissage des langues étrangères est toujours sous la moyenne européenne en France. 프랑스의 외국어 학습은 항상 유럽 평균 이하이다.
50	**Enseigner** v. 교육하다	Enseigner n'est pas aussi facile qu'il n'y paraît. 교육은 보이는 것만큼 쉬운 일이 아니다.
51	**Un enseignement** n. m. 교육	L'enseignement jusqu'à 16 ans est obligatoire en France. 프랑스에서는 16 세까지 의무 교육을 받아야 한다.

52	**Se former** v. 교육받다	<u>Se former</u> est quelque chose de possible tout au long de sa vie. 교육은 평생에 걸쳐 받을 수 있는 일이다.
53	**Une formation** n. f. 교육, 연수, (기술)교육	Certaines entreprises imposent de faire une <u>formation</u> premiers secours afin de prévenir tout accident. 일부 기업들은 사고에 대비하기 위해 응급 처치 교육을 필수적으로 시행한다.
54	**Une vie scolaire** n. f. 학교 생활	Ado, je faisais tellement de bêtises que je glandais à la <u>vie scolaire</u>. 청소년 시절, 나는 학교 생활을 허송세월 하며 바보짓을 많이 했다.
55	**Une année scolaire** n. f. 학년, 학년도	L'<u>année scolaire</u> est entrecoupée de vacances et de jours fériés. 한 학년은 방학과 공휴일로 나뉘어 있다.
56	**Une période scolaire** loc. n. f. 학사 기간	Les <u>périodes scolaires</u> s'étendent de septembre à juillet. 학사 기간은 9월에서 7월 사이에 걸쳐 있다.
57	**Un semestre** n. m. 학기	Chaque année est divisée en deux <u>semestres</u> à l'université. 대학교 한 학년은 2학기로 나뉜다.
58	**Un trimestre** n. m. 분기, (3개월) 학기	Jusqu'au lycée, il y a trois <u>trimestres</u>. 고등학교까지는 3학기가 있다.

Éducation

59	**Une rentrée** n. f. 개학	Chaque rentrée est stressante soit pour les parents soit pour les enfants. 부모에게든 학생에게든 개학 시즌은 늘 스트레스이다.
60	**Des vacances** n. f. pl. 방학	J'attends toujours avec impatience les vacances. 나는 항상 방학을 애타게 기다린다.
61	**Un cursus** n. m. 학업 과정	J'ai choisi un cursus professionnel pour sortir plus tranquillement de la vie étudiante. 대학 생활을 편하게 마치기 위해 나는 직업 전문 과정을 선택했다.
62	**Un cycle** n. m. (교육)과정, 순환, 주기	Les cycles d'apprentissage se répètent mais ne se ressemblent pas. 배움의 과정은 반복되지만 똑같은 것은 아니다.
63	**Une leçon** n. f. 수업, 강의	Ces exercices aident les élèves à comprendre la leçon. 이 연습문제들은 학생들이 수업을 이해하는 데에 도움이 될 것이다.
64	**Un objectif** n. m. 목표	Chaque cours de langue a des objectifs communicatifs et linguistiques. 모든 언어 수업은 소통과 언어 교육이라는 목표를 가진다.
65	**Inculquer** v. 심어주다	Les parents souhaitent inculquer des valeurs à leurs enfants. 부모들은 자녀들에게 가치관을 심어 주기를 원한다.

66	**Progresser** v. 발전하다, 진보하다, 향상하다	Pour progresser, il n'y a qu'une solution : s'entrainer encore et encore. 실력을 향상시키기 위해서는 한 가지 방법밖에 없다. 바로 반복해서 연습하는 것이다.
67	**Faire des progrès** loc. v. 발전하다	Grâce à l'aide d'un professeur particulier, mon fils a fait de gros progrès. 과외 선생님 덕에 우리 아들은 크게 발전했다.
68	**Faire / Commettre une erreur** loc. v. 실수를 범하다	Mes profs m'ont toujours dit que faire des erreurs fait partie du processus d'apprentissage. 선생님들은 틀리는 것은 배움의 과정 중 하나라고 항상 얘기해주었다.
69	**Rédiger** v. 작성하다 **Une rédaction** n. f 작성, 작문	La rédaction est la clé du succès des examens français. 프랑스 시험에서 작문은 성공의 열쇠이다.
70	**Le calcul** n. m. 계산 **Compter / Calculer** v. 세다 / 계산하다	Le calcul mental n'est plus autant valorisé qu'auparavant. 암산은 더이상 예전만큼 중요시되지 않고 있다.

Éducation

71	**Apprendre par cœur** loc. v. 외우다	Dans les cours de littérature, les enfants français doivent apprendre les poèmes par cœur. 문학 수업에서 프랑스 아이들은 시를 외워야 한다.
72	**Une langue maternelle** loc. n. f. 모국어	Je suis jalouse des personnes qui ont plusieurs langues maternelles. 모국어를 여러 개 구사하는 사람들이 부럽다.
73	**Une langue seconde / vivante** loc. n. f. 제 2 외국어	J'ai choisi espagnol comme langue seconde. 나는 제 2 외국어로 스페인어를 선택했다.
74	**Être absent(e)** v. 결석하다	Lorsque les élèves sont absents, ils doivent rattraper les cours par leurs propres moyens. 학생이 결석하면 알아서 수업을 따라잡아야 한다.
75	**L'absentéisme** n. m. 결석	Dans les banlieues, le taux d'absentéisme est relativement plus haut. 교외 지역은 결석률이 상대적으로 더 높다.
76	**Un échange international** n. m. 국제 교류 **Partir en échange** v. 교환 학생으로 떠나다	De nombreux étudiants partent en échange pour un semestre ou un an. 많은 학생들이 1 학기 혹은 1 년 동안 교환 학생으로 떠난다.

77	**L'ERASMUS** n. m. 에라스무스 (유럽 교환학생 프로그램)	Le programme ERASMUS est très populaire. 에라스무스 프로그램은 매우 인기있다.
78	**Une sortie scolaire** loc. n. f. 수학여행, 체험 수업	Les profs veulent toujours transformer les sorties scolaires en sorties éducatives mais les élèves, eux, ne veulent que s'amuser. 선생님들은 수학 여행을 항상 교육적인 여행으로 만들고 싶어하지만 학생들은 재미만을 찾는다.
79	**En milieu scolaire** loc. adv. 교내에서 (학교 환경에서)	En milieu scolaire, les enseignants doivent faire attention à leur langage. 학교에서 교사는 언어 사용을 조심해야 한다.
80	**Le harcèlement scolaire** loc. n. m. 학교 폭력	Le harcèlement scolaire est un problème sérieux qui nécessite une intervention immédiate. 학교 폭력은 즉각적인 개입이 필요한 심각한 문제이다. Il comprend deux parties : l'harceleur ou harceleuse et la victime. 학교 폭력은 양측으로 갈린다. 바로 가해자와 피해자이다. La prévention du harcèlement scolaire 학교 폭력 예방
81	**Harceler** v. 괴롭히다, 폭력을 행사하다	Il est essentiel d'éduquer les élèves sur les conséquences graves de harceler leurs pairs. 학생들에게 동료 학우들을 괴롭힐 때 따르는 심각한 결과를 가르치는 것이 중요하다.

Éducation

82	**Un décrochage scolaire** loc. n. m. 학업, 중퇴	La période du covid a été propice au décrochage scolaire. 코로나 시기는 자퇴하기 쉬운 때였다.
83	**Un échec scolaire** loc. n. m. 낙제	Le taux d'échec scolaire n'a jamais été aussi haut que lors de la pandémie. 팬데믹 시기만큼 낙제율이 높은 때도 없었다.
84	**Redoubler de qqc** v. ~을 배가하다	Je dois redoubler d'efforts pour comprendre les maths. 수학을 이해하려면 훨씬 더 많은 노력을 기울여야 한다.
	Redoubler v. 유급하다, 낙제하다	Mathias ne veut pas redoubler car il veut rester avec ses copains. 마티아스는 친구들과 함께하고 싶은 나머지 유급을 원치 않는다.
85	**Sauter une classe** loc. v. 월반하다	Le développement personnel de l'enfant est parfois mis en péril s'il saute une classe. 아이가 월반하면 간혹 발달에 문제가 생길 수 있다.
86	**Un rattrapage** n. m. 보충 수업, 따라잡기	Les rattrapages retardent le départ en vacances. 보충 수업 때문에 방학이 늦어진다.
87	**Une bourse** n. f. 장학금	Recevoir une bourse dépend des revenus des parents. 장학금 수혜 여부는 부모의 수입에 좌우된다.

88	**Une modalité d'enseignement** loc. n. f. 교육 방식	Certains cours sont devenus hybrides avec la covid, les modalités d'enseignement évoluent. 몇몇 수업은 코로나바이러스로 인하여 하이브리드로 변했고, 교육 방식도 변하고 있다.
89	**Être étudiant en qqc(전공)** loc. v. ~의 전공생이다	Je suis étudiant en géographie. 나는 지리학 전공생이다.
90	**Une filière** n. f. 순서, 단계 ; (교육, 직업 등의) 분야	J'ai choisi la filière scientifique pour ouvrir les portes en suivant les conseils de mes parents. 나는 부모님의 조언에 따라 다양한 가능성을 열어 두기 위해 과학 분야를 선택했다.
91	**Passer en** loc. v. ~로 가게 되다, 진급하다	Mes petits-enfants vont tous passer en classe supérieure. 내 손주들은 모두 상급반으로 진급할 것이다.
92	**Poursuivre ses études** loc. v. 학업을 이어 나가다	Mes parents ont peur que je ne poursuive pas mes études. 부모님은 내가 공부를 계속하지 않을까 봐 걱정하신다.
93	**Faire de la recherche** loc. v. 연구하다	De nombreux doctorants font de la recherche. 많은 박사 과정생들이 연구를 한다.

Éducation

94	**Une spécialité** n. f. 전공	En classe de première de lycée, les élèves choisissent leurs trois spécialités parmi une liste variée de matières. 고등학교 2 학년에서 학생들은 다양한 과목 리스트에서 세 가지 전공을 선택한다.
95	**Des débouchés** n. f. pl. 일자리, 취업로	Les débouchés ne sont pas toutes les mêmes selon les filières. 취업로는 전공에 따라 모두 같지는 않다.
96	**S'orienter** v. 방향, 진로를 정하다	De nombreux jeunes ne savent pas comment s'orienter dans leurs futures études. 많은 젊은이들은 향후 진로를 어떻게 정할지 모른다.
97	**Une orientation** n. f. 진로, 방향 설정	Aider les élèves à choisir leur orientation est un des rôles du professeur. 학생들의 진로 선택을 돕는 것은 교사의 역할 중 하나다.
98	**Être bon(ne) en** **Être doué(e) en** loc. v. -을 잘하다, -에 능숙하다	Ma petite sœur a toujours été plus douée en art que moi mais je suis bonne en littérature. 내 여동생은 미술은 늘 나보다 잘 하지만 문학은 내가 잘한다.
99	**Être mauvais(e) en** loc. v. -을 잘 못하다	J'ai toujours été mauvais en art : je suis incapable de dessiner quoique ce soit ! 나는 늘 미술에 약해서 아무것도 그릴 줄 모른다!
100	**Sage** adj. 현명한, 얌전한	Elle est sage comme une image. 그녀는 그림처럼 아주 얌전하다. Cette décision est sage et juste. 이 결정은 현명하고 공정하다.

| 101 | **Attentif(ve)** adj. 주의 깊은, 세심한 | Certains cours demandent plus d'attention que d'autres. Il faut être attentif aux règles de sécurités. 특정 수업은 다른 수업보다 더 많은 주의를 요한다. 안전 수칙에 신경을 써야 한다. 표현 Faire attention 주의하다 |

| 102 | **Distrait(e)** adj. 방심한, 멍한, 산만한 | Elle est distraite par le moindre bruit. 약간의 소음으로도 그녀는 주의가 흐트러진다. |

| 103 | **Travailleur(euse)** adj. 근면한, 성실한 | Malheureusement pour eux, les élèves travailleurs ne sont pas toujours ceux avec les meilleures notes. 불행하게도, 부지런한 학생들이 꼭 최고의 성적을 얻게 되는 것은 아니다. |

| 104 | **Exceller** v. 뛰어나다 | L'exigence de mes parents m'a permis d'exceller à l'école. 부모님의 엄격함으로 나는 학교에서 뛰어난 성적을 받을 수 있었다. |

| 105 | **Exigeant(e)** adj. 까다로운, 엄격한 **L'exigence** n. m. 엄격함 | Elle est exigeante avec elle-même, elle ne se donne pas le droit à l'erreur. 그녀는 스스로에게 엄격해서 실수할 여지도 주지 않는다. 표현 Être exigeant avec soi-même 스스로에게 엄격하다 |

Éducation

106 Patient(e)
adj.
인내심 있는, 끈기 있는

La patience
n. f.
인내, 끈기

Une des qualités principales des profs doit être la patience.
교사에게 가장 중요한 자질 중 하나는 인내심일 것이다.

Il faut être patient avec les enfants.
아이들을 대할 때 인내심이 있어야 한다.

반의어 Impatience 성급함, 초조, 안달

표현 Avec impatience 애타게

107 Avoir le nez plongé dans les cours
loc. v.
수업에 몰두하다

Cette fille n'a aucune vie sociale, elle a toujours le nez plongé dans ses cours.
이 아이는 사교는 일절 없이 항상 수업에만 몰두한다.

108 Bûcher
v.
열심히 공부하다

Potasser
v. fam.
열공하다

Il bûche dur sur ses cours pour réussir son examen.
그는 시험에 합격하기 위하여 수업 내용을 열심히 공부한다.

Avant de commencer chaque cours, je potasse un peu pour suivre au mieux.
나는 수업 시작 전, 진도를 잘 따라가기 위해 열심히 공부한다.

109 Bavard(e)
adj. / n.
수다스러운 / 수다쟁이

Le bavardage
n. m.
수다, 잡담

On ne peut pas lui faire confiance car il est trop bavard.
그는 너무 입이 가벼워서 그를 신뢰할 수 없다.

La hantise des professeurs est le bavardage.
교사들은 수다라면 학을 뗀다.

110	**Paresser** **Procrastiner** v. 차일피일 미루다	Je ne peux pas m'empêcher de procrastiner : sans date butoir, je mets toujours cent ans pour faire mes devoirs. 나는 마감일이 정해져 있지 않으면 차일피일 미루지 않고는 과제를 하지 못한다. 세월아 내월아 한다.
111	**Paresseux(euse)** adj. 게으른	C'est une grande paresseuse, elle préfère dormir que faire quoi que ce soit d'autre. 그녀는 엄청난 게으름뱅이이다. 다른 것보다도 자는 걸 제일 좋아한다.
112	**Flemmard(e)** adj. / n. fam. 빈둥거리는 / 게으름뱅이	Malgré ses facilités, cet étudiant est un gros flemmard. 잘 하지만, 그 학생은 엄청난 게으름뱅이다.
113	**Débordé(e)** adj. 정신없이 바쁜	Entre les cours et mon petit boulot, je suis complètement débordée ! J'en peux plus ! 수업과 아르바이트를 병행하느라 완전 정신이 없어! 더는 못 하겠어!
114	**Compétitif(ve)** adj. 경쟁적인	Le système éducatif coréen est jugé très compétitif. 한국의 교육제도는 경쟁적이라 평가된다.
115	**Équitable** adj. 공정한, 공평한	Le système d'évaluation doit être équitable et transparent. 평가 체계는 공정하고 투명해야 한다.
116	**Juste** adj. 공정한, 정당한	La punition doit être à la hauteur de la bêtise : elle doit être juste. 처벌은 잘못한 행위에 준하여 이루어져야 한다. 공정해야 하기 때문이다. 반의어 Injuste 불공정한, 부당한

Éducation

117 Autoritaire
adj.
권위적인, 독선적인

Le prof a une voix très autoritaire.
그 선생님은 매우 권위적인 목소리를 가지고 있다.

118 Insolent(e)
adj.
건방진, 불손한

L'insolence
n. f.
건방, 오만

Il répond de plus en plus aux profs, son insolence lui coûtera cher un jour.
그는 점점 더 선생님에게 말대꾸를 한다. 그의 건방진 태도가 언젠가 큰 대가를 치르게 될 것이다.

119 Ignorant(e)
adj.
무지한

L'ignorance
n. f.
무지, 무식

Il est ignorant mais il n'est pas méchant.
그는 무지하지만 나쁜 사람은 아니다.

Certains disent que l'ignorance est source de bonheur.
몇몇 사람들은 무지가 행복의 근원이라고 말한다.

120 Ignorer
v.
모르다, 무시하다

J'ignore sur quoi le test va porter.
시험에서 어떤 문제가 나올지 나도 모르겠다.

121 Analphabète
adj.
문맹의

L'analphabétisme
n. m.
문맹

Lors des journées citoyennes, le gouvernement fait passer un test aux jeunes pour vérifier le taux d'analphabètes en France.
시민의 날에 정부는 프랑스 문맹률을 알아보기 위하여 젊은이들을 대상으로 시험을 실시한다.

122	**L'alphabétisation** n. f. 문맹 퇴치	L'alphabétisation désigne l'acquisition des connaissances et des compétences de base, notamment de lecture et d'écriture. 문맹 퇴치란 읽기와 쓰기를 비롯한 기본 지식과 능력을 함양하는 것을 뜻한다.
123	**Un cartable** n. m. 책가방	Les petits qui vont à l'école avec un cartable plus gros qu'eux sont trop mignons. 자신보다 큰 책가방을 메고 학교에 가는 아이들은 너무 귀엽다.
124	**Un sac à dos** loc. n. m. 배낭	Les filles au collège tendent à choisir un gros sac à main plutôt qu'un sac à dos. 여중생들은 배낭보다는 큰 손가방을 선택하는 편이다.
125	**Un taille-crayon** n. m. 연필깎이	Les taille-crayons sont des outils indispensables dans la trousse des écoliers. 연필깎이는 초등학생들의 필통 속 필수품이다.
126	**Un panneau d'affichage** loc. n. m. 게시판	Les informations relatives au voyage scolaire seront affichées sur le panneau d'affichage central. 수학여행 관련한 정보들은 중앙 게시판에 공지될 것이다.
127	**Un rétroprojecteur** n. m. 오버헤드 프로젝터	Les profs ont toujours des problèmes pour installer le rétroprojecteur. 선생님들은 오버헤드 프로젝터를 사용할 때마다 문제를 겪는다.

Éducation

128	**Un surligneur** n. m. 형광펜	Pour mieux apprendre, je dois utiliser des surligneurs et mettre en avant les éléments importants du cours. 공부를 더 잘 하기 위해서는 형광펜을 사용해 수업에서 중요한 부분들을 눈에 띄게 해야 한다.
129	**Une théorie / Une pratique** n. f 이론 / 실제, 실습	Il peut y avoir un seul pas comme un grand fossé entre la théorie et la pratique. 이론과 실제 사이에는 약간의 차이가 있지만 이는 큰 격차로 느껴질 수 있다.
130	**En théorie / En pratique** adv. 이론적으로 / 실제로	En théorie tout est possible mais en pratique, c'est une autre histoire. 이론에서는 모든 것이 가능하지만 실제는 또 다른 이야기이다.

Les devoirs et les examens

과제와 시험

131	**Un examen** n. m. 시험	À chaque examen, mon niveau de stress augmente. 시험 때마다 스트레스를 더 심하게 받는다.
132	**TP (travaux pratiques)** loc. n. m. 실습	Les TP sont censés être intéressants mais ce n'est pas toujours le cas. 실습은 재미있어야 하지만 늘 그렇지는 않다.
133	**DM (devoir maison)** loc. n. m. 숙제	Les DM sont toujours peu appréciés par les élèves alors qu'ils ont la chance de prendre leur temps pour cette évaluation. 충분한 시간을 갖고 수행해 평가받을 수 있는 기회인데도, 학생들은 숙제를 좋아하지는 않는다.
134	**Une évaluation** n. f. 평가	La nouvelle méthode à la mode est l'auto-évaluation. 요즘 유행하는 방식은 자가 평가이다.

Éducation

135	**Une discipline** n. f. 학과, 종목	Les disciplines scolaires et sportives sont au centre du programme de l'Éducation nationale. 학과 및 체육 과목 정보는 국가교육프로그램센터에 있다.
136	**Un contrôle** n. m. 평가	Le contrôle des connaissances se fait suivant un barème de notes et de critères. 지식에 대한 평가는 점수와 기준이 있는 채점표에 따라 이루어진다.
137	**Le contrôle continu** loc. n. m. 수시 평가	Le contrôle continu est une méthode pour évaluer toute l'année les étudiants afin qu'ils ne se relâchent pas. 수시 평가는 학생들이 놓지 않고 공부할 수 있도록 일년 내내 평가하는 방식이다.
138	**Un concours** n. m. 시험 ; 선발, 경쟁시험	Pour entrer dans une grande école, il faut passer un concours. 그랑제꼴에 들어가기 위해서는 시험을 치러야 한다.
139	**Un exercice** n. m. 연습 문제	Quand je fais des erreurs aux exercices, je me sens toujours bête. 문제를 풀면서 실수를 할 때면 항상 바보가 된 것 같다.
140	**Un partiel** n. m. 중간고사	Les notes finales sont réparties entre les exposés, les exercices notés et les partiels. 최종 점수는 발표, 수시 시험 점수 그리고 중간고사로 나뉘어 평가된다.
141	**Une qualification** n. f. 자격, 자질, 기능	Malgré mes nombreuses qualifications, je n'ai pas été reçu pour le job. 많은 자질을 갖춘 나도 그 직장을 가질 수 없었다.

교육

142	**Passer un examen / un concours / un contrôle / un test** loc. v. 시험을 치르다	Le passage d'examens est inévitable au cours d'une vie. 시험 응시는 인생에서 피할 수 없는 관문이다.
143	**Réussir à un examen** loc. v. 시험에 통과하다	Au bout de trois tentatives, j'ai enfin réussi à mon examen ! 삼수한 끝에 드디어 시험에 붙었다!
144	**Rater un examen** loc. v. 시험에 떨어지다	Si l'on a fait de son mieux alors rater un examen ne devrait pas être un drame. 최선을 다했다면 시험에 떨어지는 것은 중요하지 않다.
145	**Se foirer** v. fam. 실패하다, 포기하다	Je me suis complétement foirée à la question 6, je suis sûre que je vais louper l'examen. 6번 문제를 완전히 망쳐서 시험에서 떨어질 게 분명해.
146	**Se planter à un examen** v. fam. 시험에 떨어지다	Les étudiants se sont tous plantés à l'examen : ils devront aller au rattrapage. 학생들이 죄다 시험에서 떨어진 바람에 전부 보충 수업을 들어야 한다.
147	**Une réussite** n. f. 성공	Les mamans tigres ne s'inquiètent que de la réussite ou de l'échec de leurs enfants. 호랑이 같은 엄마들은 자식들의 성공이나 실패만을 염려한다. 반의어 Un échec 실패

Éducation

148	**Un bulletin de note** loc. n. m. 성적표	À la fin de chaque trimestre, mes parents selon mon bulletin de note, me félicitent ou me punissent. 매학기가 끝날 때마다 내 성적표에 따라 부모님은 나를 칭찬하거나 혼내신다.
149	**Une note** n. f. 점수, 성적, 필기	La première chose que mon père me demande tous les soirs c'est si j'ai eu des notes. 아버지가 저녁마다 첫 번째로 묻는 것은 성적이 나왔느냐 이다.
150	**Un résultat scolaire** loc. n. m. 성적	Les résultats scolaires ne comptent pas autant que les commentaires des profs dans l'appréciation d'un dossier. 학교 성적은 서류 평가에서 선생님의 의견보다 덜 중요하다.
151	**Une connaissance** n. f. 이해, 지식	J'ai été particulièrement étonnée de ses connaissances en vin. 그가 와인을 잘 알아서 너무 놀랐어.
152	**Une compétence** n. f. 능력, 역량	Des experts sont là pour donner des informations dans leur domaine de compétence. 전문가들은 전문 분야에 대한 정보를 제공하기 위해 존재한다.
153	**Un acquis** n. m. 지식, (후천적)능력	Écrire et lire correctement devraient être les acquis de base de toute éducation. 올바르게 쓰고 읽는 것은 모든 교육의 기초 능력이 되어야 한다.

154	**Une moyenne** n. f. 평균	J'ai toujours eu la moyenne à chacun de mes examens. 나는 시험 때마다 평균 점수를 받았다.
155	**Une candidature** n. f. 응시	La participation aux échanges internationaux est soumise au dépôt d'une bonne candidature. 국제 교류 참여 여부는 좋은 지원서를 제출하는 데에 달려있다.
156	**Des dates d'inscription** loc. n. f. 접수 기간	Il faut être attentif : chaque école peut avoir des dates d'inscription différentes. 학교마다 접수 기간이 다를 수 있으므로 주의해야 한다.
157	**Un dossier d'inscription** loc. n. m. 입학 원서	Faire son dossier d'inscription peut être un sacré parcours d'obstacles. 입학 원서를 작성하는 것은 매우 힘겨운 단계가 될 수 있다.
158	**Une sélection sur dossier** loc. n. f. 서류 전형	À la fin du lycée, les élèves doivent soit passer un concours soit participer à une sélection sur dossier. 고등학교가 끝날 때쯤 학생들은 시험을 치르거나 서류 전형에 참여해야 한다.
159	**Une admission** n. f. 입학허가	Le processus d'admission est complexe, je dois préparer de nombreux documents. 입학 절차는 복잡하여 많은 자료들을 준비해야 한다.

Éducation

160 **Être admis(e)** / **Être reçu(e)**
v.
합격하다

Pour être admis, les étudiants américains font beaucoup d'activités extra-scolaires.
합격을 위해 미국 학생들은 다양한 대외 활동을 한다.

161 **Un entretien**
n. m.
면접

Les élèves qui sont reçus lors d'une sélection du dossier devraient passer un entretien.
서류 전형을 통과한 학생들은 면접을 볼 것이다.

표현 Passer un entretien 면접을 보다

162 **Des effectifs**
n. m. pl.
인원, 정원

Les effectifs de classe sont de plus en plus grands ce qui rend la tâche difficile aux professeurs.
학급 인원이 갈수록 많아져서 선생님들의 업무가 복잡해지고 있다.

163 **Des frais de scolarité**
loc. n. m. pl.
학비, 등록금

Les frais de scolarité ne sont vraiment pas chers en France.
프랑스에서는 학비가 정말 비싸지 않다.

164 **Une culture générale** / **La culture G**
loc. n. f.
교양과목

La société attend des jeunes qu'ils aient un minimum de culture générale.
사회는 젊은이들이 최소한의 교양을 갖추기를 기대한다.

Les professionnels de l'éducation

교육 관련 직업

165	**Un(e) directeur(trice)** n. m. / f. (초등학교, 중학교) 교장	Je suis convoqué dans le bureau de la directrice mais je ne sais pas pourquoi. 교장 선생님 사무실로 불려가게 되었는데 이유는 모른다. 유의어 Un(e) proviseur(e) (고등학교) 교장
166	**Un(e) instituteur(trice)** n. m. / f. 유치원 / 초등학교 교사	À l'école, quand il y a un problème entre les enfants, c'est à l'instituteur ou à l'institutrice de le régler. 학교에서 아이들 사이에 문제가 생길 때 이를 해결하는 것은 선생님 몫이다.
167	**Un(e) maître(sse) d'école** n. m. / f. 초등학교 교사	Mon fils dit qu'il n'aime pas son maître car sa voix lui fait peur. 우리 아들은 선생님의 목소리가 무서워서 싫다고 한다.

Éducation

168	**Un(e) maître(sse) de conférences** loc. n. m. / f. 대학 정교수	Le passage de l'agrégation est obligatoire pour devenir maître de conférences. 대학 교수 자격 시험을 통과하는 것은 정교수가 되기 위해 반드시 필요하다.
169	**Un(e) conseiller(ère) principal(e) d'éducation (CPE)** loc. n. m. / f. 교육 자문 위원	Les CPE sont soit aimés soit détestés des lycéens. 교육 자문 위원들은 고등학생들에게 사랑받거나 미움받거나 둘 중 하나다.
170	**Un(e) recteur(trice) de l'Académie** n. m. / f. 교육감	Le recteur de l'académie a récemment annoncé de nouvelles initiatives visant à renforcer la qualité de l'enseignement et à promouvoir l'innovation pédagogique dans nos écoles locales. 교육감은 최근 지역 학교에서 교육의 질을 강화하고 교육 혁신을 추진하기 위한 새로운 계획을 발표했다.
171	**Une association des parents d'élèves (APEL)** loc. n. f 학부모 협회	Les écoles primaires n'ont pas assez de subventions pour permettre aux élèves de partir en voyage scolaire sans l'aide des APEL. 초등학교 보조금이 충분하지 않아서 학부모 협회의 도움 없이는 수학여행을 갈 수 없다.

3

Internet et technologies
인터넷과 기술

Le matériel
기기

1	**Une imprimante** n. f. 인쇄기	Chaque bureau a besoin d'être équipé d'une ou plusieurs <u>imprimantes</u> pour être fonctionnel. 효율을 위해 모든 사무실은 인쇄기를 한 대 또는 여러 대 비치해야 한다.
2	**Éteindre** v. (전원, 조명, 불 따위를) 끄다	Pour économiser de l'énergie, le gouvernement recommande d'<u>éteindre</u> et de débrancher les appareils électroniques. 에너지 절약을 위하여 정부는 전자 기기의 전원을 끄고 콘센트를 뽑을 것을 권하고 있다.
3	**Un fond d'écran** loc. n. m. 배경화면	Les <u>fonds d'écran</u> par défaut ne sont pas les plus populaires. 기본 배경 화면이 가장 인기 있는 것은 아니다.
4	**Un paramètre** n. m. 설정, 파라미터	Changer les <u>paramètres</u> de son navigateur permet d'éviter d'être hacké. 브라우저 설정 변경은 해킹 당하는 것을 방지해준다.

Internet et technologies

5	**Une télévision (télé)** n. f. 텔레비전	La télévision est un des appareils électroniques qui tend à disparaître car les jeunes générations lui préfèrent l'ordinateur portable. 젊은이들이 노트북을 선호함에 따라 텔레비전은 사라지는 추세에 놓인 전자 기기 중 하나이다.
6	**Une enceinte** n. f. 스피커 / 음향 시스템	Nous avons acheté des bonnes enceintes pour pouvoir écouter la musique et avoir un bon son. 음악을 듣고 좋은 사운드를 위해 좋은 스피커를 샀다.
7	**Ajouter** v. 더하다, 첨가하다	Ajouter des images rend une présentation plus vivante. 이미지를 추가하면 프레젠테이션이 더욱 생생해 진다.
8	**L'intelligence artificielle (IA)** loc. n. f. 인공지능, AI	ChatGPT est une des IA les plus développées. 챗 GPT 는 가장 진화한 AI 중 하나이다.
9	**Une corbeille** n. f. 휴지통, 바구니	Les informaticiens recommandent de vider sa corbeille régulièrement afin de booster son ordinateur. IT 기술자들은 컴퓨터 속도를 개선하기 위하여 규칙적으로 휴지통을 비울 것을 권한다.
10	**Installer** v. 설치하다	La suite Adobe est longue à installer. 어도비 파일들은 설치가 오래 걸린다.

인터넷과 기술

11	**Désinstaller** v. (설치된 것을) 삭제하다	Si vous avez des problèmes avec l'application, désinstallez-la et réinstallez-la. 어플리케이션이 문제가 있다면 지우고 다시 설치하세요.
12	**Un écouteur** n. m. 이어폰	Dans les transports en commun il est malpoli d'utiliser son téléphone sans écouteurs. 대중교통에서 이어폰 없이 휴대폰을 이용하는 것은 민폐다.
13	**Un casque** n. m. 헤드셋 ; 헬멧	J'aime écouter de la musique avec un casque sans fil. C'est une vraie révolution ! 나는 무선 헤드셋으로 음악 듣기를 좋아한다. 이건 정말이지 혁명이다!
14	**Un disque dur** loc. n. m. 하드 디스크	Pour sauvegarder ses données, investir dans un disque dur externe est recommandé par les informaticiens. 컴퓨터 전문가들은 데이터 저장을 위해 외장하드에 투자할 것을 권한다.
15	**Le streaming** n. m. 스트리밍	Les plateformes de streaming comme Netflix essaient de protéger leur contenu en limitant l'accès et le partage des comptes. 넷플릭스와 같은 스트리밍 플랫폼은 액세스와 계정 공유를 제한함으로써 콘텐츠를 보호하고자 한다.
16	**Télécharger** v. 업로드/다운로드하다	Télécharger des films, vidéos ou musiques sans les payer est illégal sous la loi. 법에 따라 영화, 영상, 음악을 돈을 지불하지 않고 다운로드 받는 것은 불법이다.

Internet et technologies

17	**Mettre à jour** v. 업데이트하다, 갱신하다	En changeant de pays, les paramètres de date se mettent à jour automatiquement. 국가를 바꾸면 자동으로 날짜 설정이 업데이트 된다.
18	**Sauvegarder** v. 저장하다	Il faut penser à sauvegarder régulièrement ses documents pour ne pas perdre tous ses progrès. 모든 진척 상황을 잃지 않기 위하여 규칙적으로 자료들을 저장해야 한다.
19	**Un jeu vidéo** n. m. 비디오 게임	Un bon gamer est spécialiste d'au moins un jeu vidéo. 훌륭한 게이머는 적어도 한가지 비디오 게임의 전문가다.
20	**Une console** n. f. 제어대, 게임기	À Noël, les consoles sont en haut de la liste au Père-Noël des enfants. 성탄절에 아이들을 위한 산타클로스의 리스트에는 게임기가 항상 상위에 있다.
21	**Un clic** n. m. 클릭	En un clic, nous avons accès à beaucoup d'informations. 클릭 한 번으로 우리는 수많은 정보에 접근하게 된다.
	Cliquer v. 클릭하다	Pour sélectionner un fichier dans les documents, il faut double-cliquer sur l'icône. 문서 중에서 파일을 선택하려면 아이콘을 더블 클릭해야 한다.
22	**La confidentialité** n. f. (정보의) 기밀유지	La confidentialité est un gros problème sur internet et il est très difficile de la protéger. 인터넷상 정보의 기밀 유지는 큰 문제이며, 이를 보호하기란 매우 어렵다.

인터넷과 기술

| 23 | **La technologie**
n. f.
(과학) 기술 | Les nouvelles technologies sont difficiles à comprendre pour les anciennes générations.
새로운 기술들은 구세대가 이해하기에는 어렵다. |

| 24 | **Une banque de données /
Une base de données**
loc. n. f.
데이터베이스 | Les données personnelles sont collectées par les différentes grandes entreprises comme Google dans des banques de données et sont ensuite revendues à d'autres sociétés.
개인 정보들은 구글과 같은 다양한 대기업들의 데이터베이스에 수집되며 다른 회사에 되팔린다. |

| 25 | **Une donnée**
n. f.
데이터, 정보 | Les données personnelles ont une valeur importante sur Internet et permettent aux entreprises de cerner les habitudes des consommateurs.
인터넷상에서 개인정보는 중요한 가치를 가지며, 기업이 소비자들의 습관을 파악하는 것을 돕는다. |

| 26 | **Une clé USB**
loc. n. f.
USB | Conservez les documents importants sur un support physique comme une clé USB ou un disque dur externe.
중요한 자료들은 USB 나 외장하드와 같은 물리적 매체에 보관하세요. |

| 27 | **Allumer**
v.
켜다 | À partir de certaines applications, il est maintenant possible d'allumer la lumière à distance dans sa maison.
오늘날에는 특정 어플을 사용해 집에서 먼 곳에서도 불을 켤 수 있다. |

Internet et technologies

28	**Un bug** n. m. 버그	Mon ordinateur a un bug à chaque fois que j'allume ma boîte e-mail. 메일함을 열 때마다 컴퓨터에 버그가 생긴다.
29	**Copier-coller** v. 복사-붙여넣기	Utiliser l'outil copier-coller rend le travail plus facile avec les raccourcis clavier. 단축키로 복사-붙여넣기 기능을 사용하는 것은 작업을 용이하게 만들어 준다. Le plagiat, c'est un simple copier-coller. 표절은 그저 복사-붙여넣기나 다름없다.
30	**Numérique** adj. 디지털의	Les outils numériques sont nécessaires dans l'éducation. 교육에서 디지털 기기는 필수적이다.
31	**Le fossé / La fracture numérique** loc. n. m. / f. 디지털 격차	La fracture numérique est le fossé entre ceux qui ont accès à Internet et ceux qui n'y ont pas accès. 디지털 격차란 인터넷에 접근할 수 있는 사람과 그렇지 않은 사람 간의 격차를 말한다.
32	**Une souris** n. f. 마우스	Nos adolescents utilisent la souris d'ordinateur bien plus que la télécommande. 청소년들은 리모콘보다 마우스를 훨씬 많이 이용한다.
33	**Virtuel(le)** adj. 가상의	Le monde virtuel attire de plus en plus de jeunes qui ne se sentent pas bien dans le monde réel. 가상세계는 현실세계에서 행복하지 못한 젊은이들을 점점 더 매료하고 있다.

인터넷과 기술

| 34 | **Un fichier**
n. m.
파일 | Il faut chercher dans le fichier sur le Dropbox.
드롭박스에 있는 파일에서 찾아야 한다. |

| 35 | **Monter une vidéo**
loc. v.
영상을 편집하다 | Après avoir tourné une vidéo, avant de la publier en ligne, les éditeurs montent la vidéo.
동영상을 찍은 후 편집자들은 영상을 편집한 후 온라인에 게시한다. |

| 36 | **Une application (Une app)**
n. f. (fam.)
앱 | Avoir trop d'applications sur son téléphone peut ralentir le système.
휴대폰에 너무 많은 어플을 가지고 있으면 시스템을 느리게 만들 수 있다. |

| 37 | **Une cartouche d'encre**
loc. n. f.
잉크, 카트리지 | Il manque de l'encre noire dans l'imprimante, il faut remplacer la cartouche.
프린터의 검은 잉크가 떨어져 카트리지를 교체해야 한다. |

| 38 | **Un ordinateur portable**
loc. n. m.
노트북 | À l'université, beaucoup d'étudiants viennent avec leur propre ordinateur portable pour prendre des notes.
대학교에서는 많은 학생들이 필기를 위하여 노트북을 가져온다. |

| 39 | **Coder**
v.
코딩하다 | Apprendre à coder est un des nouveaux objectifs de l'école.
코딩을 가르치는 것은 학교의 새로운 목표 중 하나이다. |

프랑스어 중고급 어휘

63

Internet et technologies

Les réseaux sociaux
SNS

40	**Un(e) influenceur (euse)** n. m. / f. 인플루언서	Les influenceurs les plus connus sont les seuls à vraiment vivre de leur activité. 가장 유명한 인플루언서들만이 그들의 활동으로 먹고 산다.
41	**Une plateforme** n. m. 플랫폼	Le nombre de plateformes numériques a explosé ces dernières années pour subvenir à tous les besoins de la vie quotidienne : loisirs, transports, travail, rencontres amoureuses et bien d'autres encore. 최근 몇 년간, 여가, 교통, 일, 연애 등 일상 속 다양한 필요를 충족시키기 위하여 디지털 플랫폼의 수가 폭발적으로 증가했다.
42	**Un follower** n. m. 팔로워	Pour pouvoir vivre des réseaux sociaux il faut de nombreux followers. SNS 로 먹고 살기 위해서는 많은 수의 팔로워가 필요하다.

인터넷과 기술

43	**L'anonymat** n. m. 익명	Pour protéger son anonymat, les utilisateurs utilisent des profils et des pseudos. Certaines personnes profitent de l'anonymat en ligne pour laisser de méchants commentaires. 익명성을 보호하기 위하여 사용자들은 프로필과 닉네임을 사용한다. 일부는 악플을 남기기 위해 온라인에서의 익명성을 이용한다.
44	**Un(e) abonné(e)** n. m. / f. 구독자	Je suis abonnée à beaucoup de chaînes YouTube pour pratiquer le français. 나는 프랑스어를 연습하기 위해 많은 유튜브 채널을 구독했다.
45	**S'abonner** v. 구독하다	N'oubliez pas de vous abonner et de cliquer sur la cloche pour recevoir les notifications ! 구독과 알림 수신을 위해 종을 클릭하는 것을 잊지 마세요!
46	**Liker** v. 좋아요	À la fin de chaque vidéo, les youtubeurs demandent toujours à leurs abonnés de lâcher un like / de liker la vidéo. 유투버들은 모든 영상 끝에 구독자들에게 '좋아요'를 눌러줄 것을 부탁한다.
47	**Suivre** v. 따라가다, 계속 시청하다	Vous pouvez me suivre sur Snapchat, Insta et Facebook. 스냅챗, 인스타 그리고 페이스북에서 제 소식을 들을 수 있습니다.

Internet et technologies

48	**Commenter** v. 댓글을 달다, 해설하다	Pour participer aux lives sur Twitch, les abonnés commentent en ligne. 트위치 라이브방송에 참여하기 위해 구독자들은 온라인으로 댓글을 단다.
49	**Poster / Publier** v. 포스팅하다 / 게시하다	Lorsqu'on tient un blog, poster régulièrement est la clé du succès. 블로그를 운영할 때, 규칙적으로 포스팅하는 것은 성공의 열쇠이다.
50	**Un réseau social** loc. n. m. SNS	Les patrons utilisent les réseaux sociaux pour vérifier les antécédents de leurs futurs employés. 사장들은 그들의 미래 직원들의 과거를 확인하기 위하여 SNS 를 이용한다.
51	**Instagram (Insta)** n. 인스타그램(인스타)	Prenons des photos, je veux publier sur Insta. 우리 사진 찍자, 인스타에 올리고 싶어.
52	**Un blog** n. m. 블로그	Les blogs sont un moyen de communication de moins en moins populaire en France alors qu'ils sont encore très en vogue dans certains pays. 블로그라는 소통 매체는 프랑스에서는 점점 그 인기가 식어가지만 특정 국가에서는 아직도 매우 유행한다.
53	**Un podcast** n. m. 팟캐스트	J'écoute souvent des podcasts sur le développement personnel sur Spotify. 나는 스포티파이에서 자기 계발 팟캐스트를 자주 듣는다.

인터넷과 기술

54	**Être connecté(e) / déconnecté(e)** v. 접속되다/ 접속이 끊기다	Vous ne pouvez pas être connecté à plusieurs appareils à la fois. 여러 기기에 동시에 접속하실 수는 없습니다.
55	**Se connecter à/en** v. ~에 접속하다	Les premiers utilisateurs à se connecter en ligne gagneront un prix. 온라인에 처음 접속하는 사용자들은 경품에 당첨될 것이다.
56	**Un profil** n. m. 프로필	Le profil LinkedIn permet de se présenter à de futurs employeurs. 링크드인의 프로필은 잠재적인 고용주들에게 스스로를 소개할 수 있게끔 해준다.
57	**Un forum** n. m. 포럼, 공론장 ; 게시판, 카페	En tant que modérateur, je gère le forum de ce site internet et j'y évite les débordements. 나는 이 사이트의 중재자로서 게시판을 관리하고 무질서를 방지한다.
58	**Une diffusion** n. f. 전파, 확장, 방송	Les réseaux sociaux permettent la diffusion rapide d'informations. SNS는 정보의 빠른 전파를 가능케 한다.
59	**Modérer** v. 자제하다, 억제하다	Pour éviter les commentaires haineux en ligne, les influenceurs utilisent des modérateurs pour banner les mauvais internautes. 온라인 상에서 악플 피하기 위하여, 인플루언서들은 악의를 가진 네티즌을 차단하는 중재자를 이용한다.

Internet et technologies

60	**Un commentaire** n. m. 댓글	En ligne, les commentaires sont une part importante des réseaux sociaux mais ils peuvent aussi détruire la confiance en soi des créateurs. 온라인에서 댓글은 SNS 의 큰 부분을 차지하지만 동시에 크리에이터들의 자존감을 파괴해버릴 수도 있다.
61	**Un commentaire haineux / malveillant** loc. n. m. 악플	Le nombre de commentaires haineux sur les réseaux sociaux explose. 인터넷상에서 악플이 폭증한다.
62	**Un site de rencontres** loc. n. m. 데이트/중매 사이트	Pour trouver l'amour, de plus en plus de jeunes font appel à des sites de rencontres. 연인을 찾기 위하여 점점 더 많은 젊은이들이 데이트 사이트의 도움을 받는다.
63	**Une notification** n. f. 통지, 알림	De nombreuses personnes deviennent anxieuses à la réception de leurs notifications. 많은 이들이 알림을 받을 때 불안해한다.
64	**Twitter** n. m. / v. 트위터 / 트윗하다	Il twitte tous les jours ce qu'il pense même si ce n'est pas toujours intéressant. 그는 흥미롭지 않은 내용이라도 매일같이 트윗한다.

인터넷과 기술

65	**Un hashtag** n. m. 해시태그	Bien choisir ses hashtags permet de donner plus de visibilité à chacune des publications. 해시태그를 잘 선정하는 것은 각 게시물에 더 많은 가시성을 줄 수 있다.
66	**Partager** v. 공유하다	Tu peux me partager cette vidéo que tu as vu sur Insta ? 네가 인스타에서 봤던 그 비디오 공유해줄 수 있어?
67	**Un pseudonyme (pseudo)** n. m. 가명, 닉네임	Pour garder son anonymat en ligne, les internautes créent des pseudos. 온라인에서의 익명성 유지를 위하여 네티즌들은 가명을 만든다.
68	**Un compte** n. m. 계정	J'ai créé un compte Netflix mais ma sœur l'utilise plus que moi. 넷플릭스 계정을 만들었는데 누나가 나보다 더 많이 이용한다.

Internet et technologies

Les sites Internet

웹사이트

69	**Un site internet** loc. n. m. 인터넷 사이트	Les sites internet sont répertoriés et accessibles sur un navigateur de recherche. 검색 엔진에 인터넷 사이트들이 열거되어 있어 이용이 가능하다.
70	**Le Net** n. m. 인터넷	Avant d'acheter un produit, regarder les avis sur le Net est une bonne habitude. 상품을 구입하기 전에 인터넷에서 평을 찾아보는 것은 좋은 습관이다.
71	**Internet** n. m. (무관사) 인터넷	Internet est un outil de communication et de partage international. 인터넷은 세계적인 소통과 공유의 도구이다.
72	**Le Web** n. m. 웹	Les Français passent en moyenne 2h18 par jour à surfer sur le Web en 2022. 2022 년에 프랑스인들은 매일 웹서핑을 평균 2 시간 18 분씩 했다.

인터넷과 기술

73	**La Toile** n. f. 웹 ; 거미줄 ; 캔버스	Je perds beaucoup de temps quotidiennement en surfant sur la Toile. 나는 매일 웹서핑을 하면서 많은 시간을 허비하고 있다.
74	**En ligne** loc. adv. 인터넷으로, 온라인에서	Les achats en ligne se généralisent notamment chez les jeunes. 인터넷 쇼핑이 젊은이들을 중심으로 보편화되고 있다.
75	**Un nom d'utilisateur** loc. n. m. 사용자명	Vous avez oublié votre nom d'utilisateur ou votre mot de passe ? 사용자명이나 비밀번호를 잊어버리셨나요?
76	**Un identifiant** n. m. 아이디, ID	Entrez votre identifiant et votre mot de passe pour vous connecter. 접속하시려면 아이디와 비밀번호를 입력하세요.
77	**Un mot de passe** loc. n. m. 암호, 비밀번호	Chaque compte en ligne est sécurisé par un mot de passe. 모든 온라인 계정은 비밀번호로 보호되고 있다.
78	**Une page** n. f. 페이지	En créant un site web, toutes les pages sont importantes mais la page d'accueil donne la première impression. 웹사이트를 만들게 될 때 모든 페이지가 중요하긴 하지만 홈 화면이 첫인상을 결정한다.
79	**Un(e) internaute** n. m. / f. 네티즌, 인터넷 사용자	L'utilisation d'Internet est aux risques des internautes. Chaque internaute peut adapter les paramètres de son navigateur. 인터넷 사용은 네티즌의 책임이다. 모든 네티즌은 자신의 브라우저 설정을 적용할 수 있다.

Internet et technologies

80	**Naviguer / Surfer** v. 웹 서핑하다	Vous pouvez naviguer entre différents onglets en déplaçant la souris. 마우스를 이용해 다양한 탭에서 웹 서핑을 할 수 있습니다.
81	**Un onglet** n. m. 탭	Ouvrir trop d'onglets sur Internet ralentit le processeur de l'ordinateur. 인터넷 창을 너무 많이 열어 두는 것은 컴퓨터 작동을 느려지게 한다.
82	**Une fenêtre Internet** n. f. 인터넷 창	Dans la fenêtre qui s'ouvre, cliquez sur l'onglet 'Général' puis sur 'Accessibilité'. 창이 열리면 '일반' 탭을 누른 뒤 '접근성'을 클릭하세요.
83	**Une page d'accueil** loc. n. f. 홈페이지, 홈 화면	La page d'accueil est la plus importante d'un site internet. 홈 화면은 인터넷 사이트에서 가장 중요하다.
84	**Un moteur de recherche** loc. n. m. 검색 엔진	Certains moteurs de recherche ont des valeurs plus écologiques que d'autres comme Ecosia. 특정 검색 엔진은 Ecosia 같은 다른 엔진들보다 환경적 가치가 있다.
85	**Un lien** n. m. 링크	Ma mère m'envoie toujours des liens vers des vidéos qu'elle trouve drôles. 어머니는 웃기다고 생각하는 영상의 링크를 내게 항상 공유한다.

인터넷과 기술

86	**Un navigateur** n. m. 웹 브라우저/웹 탐색기	Le navigateur Internet affiche un message d'erreur, l'accès au site est impossible à cause de ma localisation. 인터넷 브라우저가 오류 메시지를 띄운다. 나의 위치 때문에 사이트 접속이 불가하다.
87	**Un(e) usager(ère)** n. m. 사용자, 유저	Les usagers peuvent appeler le centre d'aide s'ils ont du mal à utiliser leurs nouveaux appareils. 유저들은 새로운 기기를 사용하다 어려움을 만나면 지원센터에 연락할 수 있다.
88	**Consulter** v. 열람하다, 참조하다	Lorsqu'on travaille en télétravail, consulter ses emails fait partie de la routine. 원격으로 근무 시, 이메일을 여는 것은 하루 일과 중 하나이다.
89	**Un historique** n. m. 내력 ; 방문 기록	Grâce à l'historique, je peux consulter mes données de navigation. 방문 기록을 통해 웹 서핑 정보를 볼 수 있다.
90	**Un VPN** n. m. 가상사설망	Grâce à différents VPN, je peux avoir accès à du contenu du monde entier. 다양한 VPN 덕분에 나는 전 세계의 콘텐츠에 접근할 수 있다.
91	**Des cookies** n. m. 쿠키	Chaque site doit maintenant demander l'autorisation aux utilisateurs d'utiliser des cookies. 앞으로 모든 사이트는 유저에게 쿠키 사용 허가를 요청해야 한다.

Internet et technologies

Les effets de l'utilisation d'Internet

인터넷 사용의 영향

92	**La dépendance aux écrans** loc. n. f. 디지털 기기 의존	Bien que les écrans aient pris une place prépondérante dans nos vies, la dépendance aux écrans peut avoir des conséquences néfastes sur notre santé mentale et physique. 디지털 기기가 우리의 삶에 중요한 부분을 차지하는 것은 맞지만, 디지털 기기 의존증은 우리의 정신 및 신체 건강에 악영향을 끼칠 수 있다.
93	**Une innovation** n. f. 혁신	Les dernières innovations technologiques seront présentées à la foire de Paris. 최신 혁신 기술이 파리 전시회에서 발표될 것이다.
94	**Technophile** adj. 기술을 좋아하는 **Un(e) technophile** n. m. / f. 기술 애호가, 기술 찬양론자	À chaque nouveauté et innovation technologique, les technophiles se ruent dans les magasins afin de les acheter. 신기술과 기술 혁신이 등장할 때마다 기술 찬양자들은 구매를 위해 매장으로 몰려든다.

인터넷과 기술

95	**Technophobe** adj. 기술 공포증이 있는	À force d'être entouré par les nouvelles technologies, de nombreuses personnes deviennent technophobes. 신기술에 둘러싸인 많은 이가 기술 공포증을 앓게 된다.
96	**Une (sur)exposition** n. f. (과다)노출	La surexposition aux écrans peut être dangereux pour les yeux. 모니터 화면에 과도하게 노출되는 것은 눈에 위험할 수 있다.
97	**Une fake news** loc. n. f. 가짜 뉴스	En même temps que les autres informations, les fake news circulent rapidement sur le web. 기타 여러 정보와 마찬가지로, 가짜 뉴스들도 웹에서 빠르게 퍼진다.
98	**Le cyberharcèlement** n. m. 사이버 폭력	Le gouvernement entame une lutte contre le cyberharcèlement. 정부는 사이버 폭력과의 전쟁을 시작한다.
99	**Hacker / pirater** v. 해킹하다 **Le piratage** n. m. 해킹 ; 불법복제	Je me suis fait hacker mon compte Gmail, donc contactez-moi sur mon téléphone. G 메일 계정이 해킹 당했으니 전화로 연락주세요. Le piratage est un fléau contre lequel lutte le gouvernement sans grand succès. 해킹은 정부가 큰 성과 없이 대항하고 있는 골칫거리다.
100	**Un risque** n. m. 위험	Les écoles font de la prévention des risques d'Internet pour les enfants. 학교는 아이들에게 인터넷 위험 예방 교육을 한다.

Internet et technologies

101	**Un(e) hackeur(euse) / Un(e) pirate** n. m. / f. 해커	Certains hackeurs travaillent pour le gouvernement et jouent le rôle de justicier. 일부 해커들은 정부를 위해 일하고 정의의 사도 역할을 한다.
102	**Accro à + qqc** adj. 중독된 **Un(e) accro** n. m. / f. 중독자	Les jeunes sont devenus accros à leur téléphone et ne peuvent plus s'en passer. 젊은이들은 그들 전화에 중독자가 되어버렸고 그것들 없이는 생활하지 못한다.
103	**Une addiction** n. f. 중독	Les appareils électroniques sont un danger pour la santé car ils présentent des risques d'addiction. Passer plus de 10 heures sur les écrans peut être un signe d'addiction. 전자 기기는 중독의 위험성이 있기에 건강에 있어 위험 요소이다. 화면 앞에서 10 시간 이상 보내는 것은 중독의 징후일 수 있다.
104	**Une vie privée** loc. n. f. 사생활	Les mots de passe compliqués permettent de protéger plus sûrement la vie privée des personnes. 복잡한 비밀번호는 사람들의 사생활 보호를 더 확실하게 해준다.
105	**Une arnaque** n. f. 사기	De nombreuses arnaques font rage en ligne et les premiers touchés sont les personnes âgées. 많은 사기들이 온라인에서 판치고 있고 최초 피해자들은 노인들이다.

인터넷과 기술

| 106 | **Une prévention**
n. f.
예방 | L'éducation nationale a lancé un programme de prévention contre les dangers de la navigation sur internet.
교육부는 인터넷 서핑 위험 예방 프로그램을 실행했다. |

| 107 | **Pervers(e)**
adj. / n.
변태적인 / 변태, 성도착자 | Derrière un pseudo peuvent se cacher des personnes malintentionnées, des pervers qui cherchent à abuser de la naïveté des jeunes.
가명 뒤에는 악의를 가진 이들과 젊은이들의 순수함을 이용하여 사기 치는 변태들이 숨어있을 수 있다. |

| 108 | **Une sanction**
n. f.
제재, 형벌 | Les personnes qui mettent des messages haineux sur internet s'exposent à des sanctions.
인터넷에 악플을 게시하는 이들은 제재를 받게 된다. |

| 109 | **Le contrôle parental**
loc. n. m.
자녀 보호(프로그램) | De plus en plus de parents optent pour le contrôle parental afin de protéger leurs enfants de contenus dangereux et inappropriés pour leur âge.
점점 더 많은 부모들이 그들 아이들을 위험하고 나이에 비해 부적절한 콘텐츠로부터 보호하기 위하여 자녀 보호 프로그램을 선택한다. |

| 110 | **La cybercriminalité**
n. f.
사이버 범죄 | Les attaques en ligne devenant de plus en plus fréquentes, la lutte contre la cybercriminalité dispose de plus en plus de moyens.
온라인 공격이 갈수록 빈번해지면서 사이버 범죄와의 전쟁에 점차 많은 수단이 동원되고 있다. |

Internet et technologies

111 L'hameçonnage / Le phishing
n. m.
피싱 범죄

Les cybercriminels utilisent l'hameçonnage comme moyen pour obtenir les renseignements personnels et les identifiants bancaires des usagers grâce à des faux mails et des sites falsifiés.
사이버 범죄자들은 피싱을 이용해 가짜 메일과 위조 사이트를 통해 유저들의 개인 정보와 은행 아이디를 얻는다.

Les e-mails

이메일

| 112 | **Courrier électronique** n. m. 전자 우편, 이메일 | Les communications entre les deux entreprises ne se font que par courriers électroniques. 두 기업 사이의 소통은 이메일로 이루어진다. |

| 113 | **Un objet** n. m. 제목 | N'oubliez pas de mettre un objet à votre email sinon il ne partira pas ou ne sera pas lu. 이메일에 제목을 다는 것을 잊지 마세요. 그렇지 않으면 전송되지 않거나 읽히지 않을 수 있습니다. |

| 114 | **Une boîte de réception** n. f. 받은 편지함 | Les emails sont conservés 365 jours dans la boîte de réception. 받은 편지함에서 이메일이 365일 보관된다. |

| 115 | **Une boîte de mail** loc. n. f. 이메일 보관함 | Lorsque la boîte de mail est pleine, il est impossible de recevoir de nouveaux messages. 메일 보관함이 가득차면 새로운 메시지를 받을 수 없다. |

Internet et technologies

116 **Une pièce jointe (PJ)**
loc. n. f.
첨부 파일

Je vous joins en pièce jointe les documents que j'ai mentionnés plus tôt.
전에 언급했던 자료를 첨부 파일로 보내 드립니다.

117 **Un spam**
n. m.
스팸 광고, 스팸 메일

En recevant des mails, un tri automatique se fait et met à part les spams.
메일을 받을 때 자동 분류기가 작동하여 스팸 메일들을 따로 둔다.

118 **Une arobase**
n. f.
@ (골뱅이)

Dans chaque adresse email, il y a une arobase.
모든 이메일 주소에는 골뱅이 기호가 있다.

119 **Accuser réception**
loc. v.
수신을 확인하다

Pouvez-vous accuser réception de cet email de façon à ce que je sache que vous n'avez pas seulement ouvert mais lu mon courriel ?
메일을 열어서 읽으셨다는 걸 확인할 수 있도록 수신 확인해 주시겠어요?

120 **Un envoi programmé**
loc. n. m.
발송 예약

Si vous travaillez en différé avec vos clients à cause d'un décalage horaire, vous pouvez toujours vous organiser grâce aux envois programmés.
시차 때문에 고객과 시간대가 다르게 일하는 경우, 발송 예약으로 시간을 계획할 수 있습니다.

121 **Un brouillon**
n. m.
초안, 임시 저장한 글

Avant d'envoyer un mail important, écris une première version dans les brouillons et fais-la relire par quelqu'un d'autre.
중요한 이메일을 보내기 전에 초안을 임시 저장한 뒤에 다른 사람에게 감수를 받도록 해.

122	**Mettre qqn en copie** loc. v. 참조로 걸다	Tu peux soit me <u>mettre en copie</u> du mail soit me <u>transférer</u> l'email et sa réponse. 나를 메일에 참조로 걸거나 그의 메일과 답신을 전달해줘.
123	**Transférer** v. 전달하다	

4

Moments de la vie
인생의 순간들

Les repas
식사

1	**Une alimentation** n. f. 식료품, 영양섭취 ; 공급	De plus en plus de gens choisissent une alimentation végétarienne pour des raisons éthiques, environnementales ou de santé. 많은 사람들이 윤리, 환경, 건강을 위해 채식을 선택한다.
2	**Une alimentation équilibrée / saine** loc. v. 균형 잡힌 / 건강한 식습관	Une alimentation saine contribue à maintenir un poids corporel optimal et à prévenir les maladies. 건강한 식습관은 최상의 몸무게를 유지하고 병을 예방하는 데 기여한다.
3	**Un aliment** n.m 식품, 음식	Il est important de consommer une variété d'aliments pour obtenir tous les nutriments nécessaires. 모든 영양소를 공급받기 위해 다양한 음식을 먹는 것이 중요하다.

Moments de la vie

4	**Une nourriture** n. f 음식	J'adore découvrir de nouvelles cuisines et goûter des nourritures exotiques. 나는 새로운 음식을 발견하고 이색적인 음식을 맛보는 것을 좋아한다.
5	**Manger sur le pouce** loc. v. 서서 먹다	Chaque midi je mange sur le pouce entre deux réunions. 점심 때마다 나는 두 회의 사이 짬을 내어 서서 식사를 한다.
6	**Casser la croûte** loc. v. 간단히 식사하다	Quand tu as le temps viens à la maison casser la croûte. 시간 있을 때 우리집에 식사하러 와.
7	**Un casse-croûte** n. m. 주전부리, 간식	Les pains au lait avec du Nutella est le casse-croûte préféré des enfants. 누텔라를 바른 우유 빵은 아이들이 가장 좋아하는 간식이다. 유의어 Un goûter 간식
8	**Grignoter** v. 군것질하다	Je t'ai dit qu'il ne faut jamais grignoter avant de passer à table ! 식사하기 전에 군것질하지 말라고 했지!
9	**Le grignotage** n. m. 군것질	Le grignotage est un vrai problème pour la santé publique. 군것질은 공중 보건에 있어서 중요한 문제이다.
10	**Bouffer** v. fam. 먹다	Arrête de bouffer ce genre de conneries. 이런 이상한 것들 좀 먹지마라.
11	**La bouffe** n. f. fam. 요리, 식사	On s'appelle et on se fait une bouffe ! 언제 한번 연락해, 밥이나 같이 먹자!

12	**La malbouffe** n. f. 정크푸드	Les États-Unis sont connus pour leur consommation de la malbouffe. 미국은 정크푸드 소비량으로 유명하다.
13	**Salé(e)** adj. 짠, 짭짤한	Le plat est un peu trop salé à mon goût. 음식이 내 입맛에는 너무 짜다.
14	**Sucré(e)** adj. 단, 달콤한	Pour satisfaire votre dent sucrée, choisissez nos éclairs au chocolat ! 단 걸 좋아하는 여러분의 입맛을 위해 저희 초콜렛 에클레어를 골라보세요! **표현** Avoir la dent sucrée 단 것을 좋아하다
15	**Déguster** v. 시음하다, 음미하다, 맛보다	Prendre le temps de manger, c'est prendre le temps de déguster. 식사 시간이란 음미하는 시간을 갖는 것이다.
16	**Une dégustation** n. f. 시식, 시음	Bonne dégustation ! 맛있게 드세요 !
17	**Se régaler** v. 맛있게 먹다, 실컷 먹다	On s'est régalé au restaurant indien. On a littéralement commandé tous les plats sur la carte ! 우리는 인도 식당에서 실컷 먹었다. 정말이지 메뉴에 있는 모든 음식을 모조리 시켰다!
18	**Dévorer** v. 먹어 치우다 ; 탐독하다 ; 쓸어버리다 ; 탕진하다	Le lion a dévoré sa proie. 사자가 먹잇감을 먹어 치웠다. Passionné par la littérature française, il dévore tous les livres. 프랑스 문학에 빠진 그는 책을 모조리 탐독한다.

Moments de la vie

19	**Avoir la dalle** loc. v. fam. 배고프다	Chaque midi, j'ai la dalle ! 점심이 되면 배가 너무 고파!
20	**Avoir une faim de loup** loc. v. 늑대처럼 배고프다	Il a dévoré tous les plats. Il a une faim de loup ! 그는 모든 음식을 다 먹어 치웠다. 그는 늑대처럼 배가 고프다! **유사표현** Avoir un appétit d'ogre 걸신 들다
21	**Avoir un appétit d'oiseau** loc. v. 새 모이만큼 먹는다	Les mannequins ont souvent un appétit d'oiseau. 모델들은 보통 새 모이만큼 조금 먹는다.
22	**Rehausser les saveurs** loc. v. 맛을 높이다	Les épices réhaussent les saveurs de tous les plats. 양념은 모든 음식들의 맛을 높여준다.
23	**Une saveur** n. f 맛, 풍미	Les saveurs de ce vin sont complexes et raffinées. 이 와인의 풍미는 정교하고 세련 됐다.
24	**Savoureux(se)** adj. 맛이 좋은	Une entrecôte, c'est savoureux ! 등심 스테이크는 맛있다!
25	**Appétissant(e)** adj. 식욕을 돋우는, 먹음직스러운	Les plats sont encore plus appétissants quand ils sont présentés avec soin. 음식은 정성껏 차릴 때 더욱 맛있어 보인다.

인생의 순간들

26	**Succulent(e)** adj. 과즙이 많은, 맛 좋은	Les pêches et les prunes de cette région sont succulentes grâce au soleil et au beau temps. 이 고장의 복숭아와 자두는 햇살과 좋은 날씨 덕에 과즙이 풍부하다.
27	**Un délice** n. m. 진미, 별미	Ce curry de ce restaurant est une tuerie ! Avec du riz c'est un vrai délice ! 이 식당의 카레는 정말로 맛있다! 밥이랑 같이 먹으면 아주 죽음이다!
28	**Une tuerie** n. f. fam. 대량 학살 ; 죽음 (죽이게 맛있다)	C'est une tuerie ! 짱 맛있어, 죽음이야!
29	**Kiffer** v. fam. 좋아하다	Un kebab, c'est toujours un moment de kiffe ! 케밥을 먹는 것은 항상 좋아하는 순간이다!
30	**Donner du goût à qqc** **Assaisonner** loc. v. 간을 하다, 양념을 하다	Ajoutez un peu de sel et de poivre pour donner du goût à votre plat ! 음식에 맛을 더하기 위해 약간의 소금과 후추로 간을 하세요.
31	**Jeûner** v. 굶다, 단식하다	Avant de faire une prise de sang, on demande aux patients de jeûner. 채혈하기 전 환자들에게 단식할 것을 요구한다. 반의어 Déjeuner 먹다, 점심식사 하다
32	**Le jeûne** n. m. 단식, 굶주림	Le jeûne intermittent est à la mode pour perdre du poids. 다이어트를 위한 간헐적 단식이 유행이다.

Moments de la vie

33	**À jeun** adv. 빈속에	Boire de l'eau à jeun le matin est bon pour la santé. 아침에 빈속에 물을 마시는 것은 건강에 좋다.
34	**Éviter les tentations** loc. v. 유혹을 참다, 피하다	Quand on fait un régime, il faut éviter les tentations. 다이어트를 할 때 유혹을 피해야 한다.
35	**De saison** loc. adv. 제철	Pour manger sainement, il faut manger des fruits et des légumes de saison. 건강하게 먹으려면, 제철 과일과 채소를 먹어야 한다.
36	**Manger local** loc. v. 지역 식재료를 먹다	Pour manger local, il est conseillé d'aller au marché. 지역 식재료를 먹기 위해서는 시장에 가야 한다.

Les loisirs et les passe-temps
여가와 취미

37	**Prendre de l'air** loc. v. 바람 쐬다, 산책하다	Heureusement qu'on a des pauses au travail, j'ai toujours besoin de prendre l'air. 난 항상 바람을 쐬어야 하는데, 다행히도 직장에 휴식시간이 있다.
38	**Se changer des idées** loc. v. 기분 전환하다, 머리를 식히다	De temps en temps, essayer une nouvelle activité permet de se changer les idées. 가끔 새로운 활동을 시도하면서 기분 전환을 할 수 있다.
39	**Glander** v. 허송세월 하다, 빈둥대다	Il reste dans son lit toute la journée. Sa mère ne supporte plus qu'il glande autant. 그는 하루 종일 침대에서 보낸다. 그의 어머니는 더 이상 그렇게 빈둥거리는 것을 참을 수 없다.
40	**Flâner** v. 한적하게 걷다	Après le déjeuner, nous avons décidé de flâner dans le quartier. 점심을 먹고 난 뒤, 우리는 동네를 걷기로 했다.

Moments de la vie

41	**Prendre du bon temps** loc. v. 즐거운 시간을 보내다, 즐기다	Je suis sorti ce week-end pour prendre du bon temps. 좋은 시간을 보내러 이번 주말에 외출했었다.
42	**Passer du temps à + inf.** loc. v. -하는 데 시간을 보내다	Je passe un temps fou à apprendre le français. 나는 프랑스어를 배우는 데에 엄청난 시간을 투자한다.
43	**Souffler comme un buffle** loc. v. 헐떡거리다	Quand je cours, je souffle comme un buffle. 나는 뛸 때 몹시 숨을 헐떡인다.
44	**Se taper une siestasse** loc. v. fam. 낮잠을 자다	Quand je suis crevé, je me tape une siestasse. 나는 녹초가 될 때면, 낮잠을 잔다.
45	**L'endurance** n. f 지구력, 인내력, 참을성	J'ai beaucoup d'endurance, je peux courir sur 15 kilomètres. 나는 지구력이 강해서 15 킬로미터도 달릴 수 있다.
46	**La volonté** n. f 의지	Faire du sport régulièrement demande beaucoup de volonté. 규칙적으로 운동하는 것은 많은 의지를 요한다.
47	**Avoir l'esprit d'équipe** loc. v. 팀워크 정신이 있다	Sans un bon esprit d'équipe, les jeux comme le foot sont difficiles à jouer. 축구는 팀워크 정신이 없이 하기 어렵다.

48	**L'esprit de compétition** loc. n. m. 승부욕	C'est important d'avoir un bon esprit de compétition pour vouloir gagner. 이기기 위해 건강한 승부욕을 갖는 것은 중요하다.
49	**Avoir la gagne** loc. v. fam. 승부욕이 있다	Je ne supporte pas de jouer avec toi, tu as trop la gagne. 너랑 게임 못 하겠어, 넌 승부욕이 너무 강해.
50	**Être mauvais(e) / bon(ne) joueur(euse)** loc. v. (경기나 경쟁에서) 결과에 승복 못하는 사람 / 하는 사람	Ma mère est mauvaise joueuse. Dès qu'elle perd, elle boude. 어머니는 좋은 선수는 아니다. 졌다 하면 바로 토라지기 때문이다.
51	**Avoir la forme Garder la forme** loc. v. 컨디션이 좋다	C'est important de garder la forme. 컨디션을 유지하는 것은 중요하다.
52	**Rêvasser** v. 몽상하다, 공상에 잠기다	J'ai toujours plein d'idées qui me viennent quand je rêvasse. 나는 몽상할 때마다 아이디어가 잔뜩 떠오른다.
53	**Avoir la tête dans les nuages** loc. v. 딴 생각하다, 정신을 팔다	Ma fille ne peut pas se concentrer, elle a toujours la tête dans les nuages. 내 딸은 항상 산만해서 집중하질 못한다.
54	**Avoir la tête en l'air** loc. v. 정신을 팔다	J'ai encore oublié ma clé à la maison ! J'ai vraiment la tête en l'air ! 또 열쇠를 집에 두고 왔네! 내 정신 좀 봐!

Moments de la vie

55	**C'est pas ma came / mon délire** loc. fam. 내 취향이 아니다	La K-pop, c'est pas ma came. K 팝은 내 취향이 아니다.
56	**Donner sa langue au chat** loc. v. 단념하다, 포기하다	Le jeu est trop dur : elle donne sa langue au chat ! 게임이 너무 어려운 나머지, 그녀는 포기하고 말았다.

인생의 순간들

Les périodes de la vie
삶의 단계

57	**Une naissance** n. f. 출생	Nous sommes fiers de vous annoncer la naissance de notre petite fille ce lundi 15 septembre. 9월 15일 월요일, 저희 딸이 태어난 것을 자랑스럽게 알립니다.
58	**Venir au monde** loc. v. 태어나다	L'athlète Philippe Croizon est venu au monde sans bras ni jambes mais cela ne l'a pas empêché de traverser la Manche à la nage. 운동선수 필립 크루아종은 팔과 다리가 없이 태어났지만 장애가 그가 도버 해협을 수영해 건너는 것을 막지 못했다.

Moments de la vie

59	**Mettre au monde Accoucher de qqn** loc. v. -을 낳다	Mettre au monde un enfant est à la fois une expérience merveilleuse et traumatisante pour le corps. Les nouvelles mamans ont toujours besoin de temps pour se remettre de donner la vie. 아이를 낳는 것은 멋진 경험이지만 몸에는 트라우마를 남긴다. 새롭게 엄마가 되는 이들은 아이를 낳은 뒤 회복할 시간을 가져야 한다. 표현 Donner (la) vie à qqn 낳다, 생명력을 불어넣다
60	**Un nourrisson** n. m. 신생아	Ce nourrisson est tout petit, il est né prématuré mais il est en très bonne santé. 이 신생아는 정말 작다. 미숙아로 태어났지만 아주 건강하다.
61	**Le baptême** n. m. 세례	Selon la religion, l'enfant peut passer par l'étape du baptême. 종교에 따라, 아이는 세례 과정을 거쳐야 한다.
62	**Se baptiser** v. 세례받다	J'ai choisi de me baptiser bien que je sois adulte car j'ai rejoint la foi catholique. 천주교를 믿게 되면서, 나는 성인임에도 세례를 받기로 결정했다.
63	**La crise d'adolescence** n. f. 사춘기	Avoir des enfants veut aussi dire devoir passer par la période tant redoutée de la vie de chaque enfant grandissant : la crise d'adolescence synonyme de disputes, de changements et de beaucoup d'autres problèmes. 아이를 가진다는 것은 한편으로는 성장하는 아이들이 매우 불안한 시기를 거쳐야 함을 의미한다. 사춘기는 다툼과 변화 그리고 다른 수많은 문제를 의미한다.

64	**Mineur(e)** adj. / n. 미성년인 / 미성년자	Les mineurs ont des droits limités et sont très protégés par la loi mais cela ne les exclut pas de toutes responsabilités. 미성년자들의 권리는 한정되어 있고 법에 의해 보호받지만, 그것이 모든 책임을 감면해주는 것은 아니다.
65	**La puberté** n. f. 사춘기, 성징, 변성기	Lors de la puberté, les ados se jaugent beaucoup les uns les autres pour voir la vitesse à laquelle chacun évolue. 사춘기에 청소년들은 각자 얼마나 빨리 변하는지를 보기 위해 서로를 비교한다.
66	**Muer** v. (동물이) 털갈이하다 ; (소년이) 변성기를 겪다	Mon cousin est en train de muer et je ne peux m'empêcher de me foutre de sa gueule. 사촌이 변성기에 들었는데 그게 너무 웃겨서 사촌을 놀리는 걸 참을 수가 없다.
67	**Être majeur(e)** **Devenir adulte** loc. v. 성인이 되다	Devenir majeur est une grande étape de la vie des jeunes adultes qui la célèbrent souvent avec leur famille et amis. 성년이 되는 것은 성인들의 삶에 중요한 단계이다. 성인들은 종종 가족이나 친구들과 그것을 축하한다.
68	**Avoir la vingtaine (la trentaine / la quarantaine)** loc. v. 20대(30대 / 40대) 이다	Avoir la quarantaine et/ ou la cinquantaine peut être synonyme de crise comme à l'adolescence où les adultes arrivés au milieu de leur vie, font un point sur leur vie et se posent beaucoup de questions. 40대나 50대가 되는 것은 사춘기 때와 마찬가지로 위기를 의미하기도 한다. 삶의 중반에 든 성인들은 그들의 삶을 되짚어보고 스스로에게 많은 질문을 던지기도 한다.

Moments de la vie

69	**Faire ses études** loc. v. 학업을 하다	Je souhaite partir à l'étranger pour faire mes études car le travail que je veux obtenir ne peut se faire ici. 나는 학업을 위해 외국으로 떠나고 싶다. 왜냐하면 내가 얻고 싶은 직업은 여기서 가질 수 없기 때문이다.
70	**Avoir des responsabilités** loc. v. 책임지다	À chaque étape de la vie, les personnes ont de plus en plus de responsabilités sauf quand, enfin, ils peuvent prendre leur retraite. 삶의 단계마다 사람들은 갈수록 많은 책임을 지게 된다. 마침내 은퇴를 하는 순간을 제외하고 말이다.
71	**Déployer ses ailes** **Voler de ses propres ailes** loc. v. 날개를 펼치다, 스스로 날다 = 독립하다	J'ai élevé mes enfants afin qu'ils puissent voler de leurs propres ailes et quitter le nid, je ne veux pas qu'ils restent avec moi toute ma vie. 나는 스스로 독립해 둥지를 떠날 수 있도록 아이들을 키웠고, 아이들 곁에 평생 머무르고 싶지 않다.
72	**Faire une rencontre** loc. v. 만남을 가지다	Dans la vie, on peut faire tous types de rencontres, de bonnes comme des mauvaises mais les meilleures sont les belles rencontres. 살면서 온갖 만남을 가질 수 있다, 좋은 만남도, 나쁜 만남도 있지만 가장 좋은 만남은 아름다운 관계이다.
73	**Trouver l'âme sœur** loc. v. 짝(소울메이트)을 찾다	Il est normal de chercher et essayer de trouver l'âme sœur, la personne parfaite pour nous. 소울메이트, 다시 말해 우리에게 완벽한 사람을 찾으려 애쓰는 것은 당연한 일이다.

인생의 순간들

74	**Vivre d'amour et d'eau fraîche** loc. v. (사랑과 찬물로만 살다) 사랑만 보고 살다, 사랑이 밥먹여 주지 않는다.	Ces deux jeunes ne se rendent pas compte que tomber amoureux ne veut pas dire que leur vie est prête à être lancée : on ne peut pas seulement vivre d'amour et d'eau fraîche. 두 젊은이는 사랑에 빠진다고 해서 그들의 인생이 단번에 피는 것이 아님을 알지 못한다. 사랑과 찬물로만 살 수 있는 것은 아니다.
75	**Sortir avec qqn** loc. v. ~와 사귀다, 데이트하다	Les ados au collège demandent encore officiellement à leur crush s'ils veulent sortir avec eux. 중학교 청소년들은 아직까지 누구와 사귀고 싶을 때 공식적으로 고백을 한다.
76	**S'installer ensemble** loc. v. 함께 살다, 동거하다	Cela fait quelques années qu'ils sortent ensemble, c'est donc tout naturellement qu'ils se sont installés ensemble. 그들이 사귄 지 몇 년이 지났으니, 자연스럽게 함께 살기 시작했다.
77	**Les fiançailles** n. f. pl. 약혼	Il a fait sa demande en mariage il y a quelques mois, mais leur période de fiançailles sera très courte car ils prévoient de se marier dans 5 mois. 그는 몇 달 전 청혼을 했다. 하지만 5 개월 내에 결혼할 것이라 약혼 기간은 매우 짧을 것이다.
78	**Une bague de fiançailles** n. f. 약혼 반지	Une étude a montré que plus le prix de la bague de fiançailles est haut, moins le mariage aurait de chance de durer. 한 연구는 약혼 반지의 가격이 높을 수록 결혼이 지속될 확률은 낮아진다는 사실을 밝혔다.

Moments de la vie

79	**Se fiancer** v. 약혼하다	On s'est fiancés quand on était très jeunes mais nous avons attendu quelques années avant de nous marier d'être plus stables. 우리는 아주 어릴 때 약혼을 했지만 보다 안정적인 상황에서 결혼할 수 있도록 몇 년 더 기다렸다.
80	**Un enterrement de vie de jeune fille / de jeune garçon** loc. n. m. 브라이덜 샤워 / 총각파티	L'enterrement de vie de jeune fille (EVJF) ou de vie de garçon (EVG) est une étape incontournable pour de nombreux couples avant d'entrer dans la vie maritale. 브라이덜 샤워나 총각파티는 결혼 생활에 들어가기 전 많은 커플들에게 매우 중요한 단계이다.
81	**Une lune de miel / Un voyage de noce** loc. n. f. / m. 허니문 / 신혼여행	Partir en voyage pour sa lune de miel est parfois un luxe que tout le monde ne peut pas s'offrir. 신혼여행을 떠나는 일은 어떨 땐 사치에 가깝다. 모든 사람이 이를 누리지는 못한다.
82	**Fonder une famille** loc. v. 가정을 꾸리다	Après quelques années ensemble, ils ont décidé de fonder une famille. Mais leur première étape est d'adopter un chien, c'est ridicule ! 함께 산 지 몇 년 끝에 그들은 가족을 꾸리기로 결정했다. 그런데 그들의 첫 시작은 개를 입양하는 것이었다. 그건 말도 안 된다!
83	**Tomber enceinte Attendre un enfant** loc. v. 임신하다	Elle est tombée enceinte lors de son voyage de noces ! C'était inattendu ! 그녀는 신혼여행에서 아이를 임신했다! 기대하지도 않았는데 말이다!

인생의 순간들

84	**Un faire-part de naissance / de mariage / de décès** loc. n. m. 출생알림 / 결혼알림 / 부고알림	Nous avons envoyé les faire-part la semaine dernière, et l'excitation monte à mesure que la date spéciale approche. 지난 주에 청첩장을 보냈다. 특별한 날이 다가올수록 설렘도 덩달아 커진다.
85	**Rompre avec qqn** loc. v. ~와 헤어지다 **Divorcer** v. 이혼하다	Lorsqu'un mariage ne fonctionne plus, pour le reste de la famille, le plus sain est souvent de se séparer ou bien de rompre mais cela mène souvent à la prochaine étape : le divorce. 결혼 생활이 지속되기 어려울 때, 남은 가족들에게 가장 좋은 방법은 갈라서거나 헤어지는 것이다. 하지만 이는 보통 다음 단계로 이어지기 쉬운데, 바로 이혼이다.
86	**Partir à la retraite** **Prendre sa retraite** loc. v. 은퇴하다	Il est grand temps de partir à la retraite après une vie si active ! Je souhaite profiter de mon temps libre et de ma famille et surtout j'espère qu'on accueillera bientôt des petites têtes blondes ! 살면서 열심히 일했으니 은퇴를 할 때가 왔다! 나는 여가, 가족들과 보내는 시간을 누리고, 무엇보다 곧 금발의 어린 손주들을 맞이하고 싶다!
87	**Le troisième âge** **L'âge mur** loc. n. m. 장년, 노년, 노후	Une fois entré dans le troisième âge, il est de plus en plus difficile d'accomplir les mêmes gestes que par le passé, on se voit diminuer. 장년이 될수록 예전처럼 몸짓을 짓기 어렵고, 노쇠하는 것을 보게 된다.

Moments de la vie

88	**La mort / Le décès** n. f. / m. 죽음, 사망	Le décès d'une personne de la famille n'est jamais un moment facile à passer mais c'est une étape de la vie. 가족 중 누군가 돌아가시는 것은 쉬운 일은 아니지만 인생에서 거쳐야 할 계단이다.
89	**Des funérailles** **Des obsèques** n. f. pl. 장례식	Quand je meure, je veux des funérailles originales qui prennent la forme d'une fête plutôt que l'ambiance lugubre traditionnelle ! 내가 죽으면, 파티 같은 독특한 장례식을 하고 싶지, 고리타분한 초상집 분위기는 싫다 !
90	**Prendre de l'âge** loc. v. 나이를 먹다	Quand on prend de l'âge, la perspective de la vie change beaucoup, mais tu comprendras plus tard, petit! 나이가 들면, 인생을 보는 관점이 많이 달라지지. 너도 나중에 알게 될 거란다, 꼬맹아!
91	**Faire jeune** loc. v. 젊어 보이다	Malgré son âge assez avancé, jamais je ne lui aurai donné 60 ans. Il fait encore très jeune ! 나이가 많이 들었음에도 그가 60 살일 줄은 몰랐다. 그는 너무 젊어 보인다!
92	**Prendre un coup de vieux** loc. v. 갑자기 늙다, 폭삭 늙다	Pendant mon absence, il a pris un sacré coup de vieux ! 내가 못 보는 사이 그는 얼굴이 폭삭 삭았다!

5

Sentiments et émotions
감정

Les sentiments
감정

1	**Ressentir** v. 느끼다	Je ressens toujours de l'appréhension quand tu me dis que tu as quelque chose à me dire. 네가 할말이 있다고 할 때마다 나는 항상 겁이 나.
2	**Être tremblant(e) d'émotions** loc. v. 감정에 북받치다	Lors de notre mariage, nos parents tremblaient d'émotion. 결혼식 동안 부모님은 감정에 북받쳐 있었다.
3	**Être dans un bon / mauvais état d'esprit** loc. v. 정신 상태가 건강하다/ 건강하지 않다	Pour réussir, il est important d'être dans un bon état d'esprit. 성공하기 위해선 마음이 건강한 것이 중요하다.

Sentiments et émotions

4	**Blesser l'amour-propre de qqn** loc. v. ~의 자존심을 짓밟다	Je lui ai fait une petite remarque mais je pense avoir blessé son amour-propre. 나는 그에게 지적을 했는데 그의 자존심에 상처를 준 것 같다.
5	**Perdre la tête** loc. v. 정신이 오락가락 하다	Ma grand-mère perd complètement la tête ces temps-ci. 우리 할머니는 요즘 정신이 온전치 못하다.
6	**Vivre un grand malheur / bonheur** loc. v. 불행한 / 행복한 일을 겪다	La famille a vécu de grands malheurs depuis quelques temps mais elle va s'en remettre. 그 가족은 최근 안타까운 일을 많이 겪었지만 금세 이겨낼 것이다.
7	**Se remettre de ses émotions** loc. v. 마음의 평정을 되찾다	Entre chaque événement, je n'ai pas le temps de me remettre de mes émotions. 많은 사건 속에서 나는 평정심을 찾을 시간이 없다.
8	**Donner libre cours à ses émotions** loc. v. 감정을 터뜨리다	Je ne retiens plus rien, je donne libre cours à mes émotions et je vais te dire tout ce que j'ai sur le cœur. 더 이상 못 참아! 솔직하게 마음 속에 있는 것을 얘기할래.
9	**Éprouver / Ressentir une émotion** loc. v. (~) 감정을 느끼다	J'éprouve des sentiments pour lui. 나는 그에게 좋은 감정을 느끼고 있다.

감정

10 Être bouleversé(e)
v.
당황하다, 충격 받다

Elle est bouleversée par les changements qui arrivent dans sa vie.
그녀는 인생에 닥친 변화 때문에 당황하고 있다.

11 Être sorti(e) du mauvais côté du lit
loc. v.
하루 시작이 나쁘다,
일진이 좋지 않다

Mon petit ami sort souvent du mauvais côté du lit et il ne faut pas lui parler avant qu'il boive son café.
내 남자친구는 종종 하루의 시작이 좋지 않아서, 커피를 마시기 전까지 말을 걸지 않는 것이 좋다.

유사표현 Se lever du pied gauche
일진이 좋지 않다

12 Sous le coup de l'émotion
loc. adv.
감정이 격해져서

Sous le coup de l'émotion, j'ai démissionné de mon job.
감정이 격해진 나머지, 나는 사표를 냈다.

13 Aimable comme une porte de prison
loc. adj.
불쾌한, 침통한, 무뚝뚝한

J'ai rencontré la pire personne possible, elle est aimable comme une porte de prison.
나는 최악의 인물을 만났는데 그는 불쾌하기 짝이 없었다.

14 Se sentir bien / mal
loc. v.
기분이 좋다 / 나쁘다

À chaque fois que j'ai mes règles, je me sens toujours fatiguée et mal.
나는 생리를 할 때마다 항상 피곤하고 컨디션이 나쁘다. (기분이 나쁘다)

15 Être de bonne / mauvaise humeur
loc. v.
기분이 좋다 / 좋지 않다

Je suis de super bonne humeur parce que c'est le week-end.
주말이라 기분이 너무 좋다.

Sentiments et émotions

16	**Avoir les larmes aux yeux** loc. v. 울먹이다, 눈물을 글썽이다	Après le discours de son père, il a les larmes aux yeux. 아버지의 대화를 한 뒤로 그는 눈물을 글썽인다.
17	**Extérioriser / Manifester ses émotions** loc. v. 감정을 표출하다	Depuis qu'il extériorise ses sentiments, il se sent mieux. 감정을 표출하고 나니 그는 기분이 한결 나아졌다.
18	**Retenir ses émotions** loc. v. 감정을 드러내지 않다 **Se retenir (de + inf.)** v. (~하기를) 참다	Plutôt que de montrer sa tristesse, il a préféré retenir ses émotions pour ne pas inquiéter ses proches. 그에게는 가족들을 걱정시키지 않기 위해 슬픈 모습을 보이기보다 감정을 숨기는 편이 나았다. Elle s'est retenue de pleurer pour ne pas perturber l'atmosphère. 그녀는 분위기를 망치지 않기 위해 울음을 참았다.

La joie
기쁨

| 19 | **Mourir de rire**
loc. v.
웃겨 죽다 | C'est une histoire à mourir de rire.
웃겨 죽을 만한 이야기이다. |

| 20 | **Éclater de rire**
loc. v.
웃음을 터뜨리다 | Quand son ami est tombé, il a éclaté de rire.
친구가 넘어졌을 때 그는 웃음이 터졌다. |

| 21 | **Se tordre de rire**
loc. v.
포복절도하다, 웃겨죽다 | Dès que je lui raconte une blague, il se tord de rire.
그에게 농담을 던지면 그는 포복절도한다. |

| 22 | **Pouffer de rire**
loc. v.
킥킥거리며 웃다 | Les collégiennes pouffent de rire pour se moquer d'autres personnes.
여중생들은 다른 사람들을 조롱하며 킥킥거린다. |

Sentiments et émotions

23	**Avoir un fou rire** loc. v. 웃음을 참지 못하다	Tu sais que ça fait 20 minutes que tu rigoles ? Je n'ai jamais vu quelqu'un avoir un tel fou rire. 너 20 분째 웃고 있는 거 알아? 이렇게 웃음을 못 참는 사람은 또 처음 보네.
24	**Être comblé(e)** v. 만족하다, 충만함을 느끼다	Elle s'est fait engager la semaine dernière, elle est comblée. 그녀는 지난주에 취업을 해서 기뻐하고 있다.
25	**Avoir le moral** loc. v. 기분이 좋다, 낙천적이다	J'ai un super moral ces jours-ci. 나는 요즘 매우 기분이 좋다.
26	**Être aux anges** loc. v. 몹시 기뻐하다	J'ai enfin reçu le colis que j'attendais depuis longtemps : je suis aux anges ! 드디어 오래전부터 기다려온 택배를 받았어. 진짜 행복해!
27	**Sauter de joie** loc. v. 매우 기뻐하다, 기뻐서 펄쩍 뛰다	En découvrant le cadeau de mes parents pour mes 18 ans, j'ai sauté de joie. 부모님이 준비해주신 18 살 생일 선물을 보고 나는 매우 기뻐서 펄쩍 뛰었다.
28	**Rire aux larmes** loc. v. 눈물이 날 정도로 웃다	Elle rit toujours aux larmes devant des photos drôles de chat. 그녀는 웃긴 고양이 사진을 보면 항상 박장대소한다.
29	**Nager en plein bonheur** loc. v. 행복에 젖다	Depuis que j'ai rencontré mes amies, je nage en plein bonheur. 나는 친구들을 만나고 행복에 젖었다.

감정

30	**Être heureux(se) comme un poisson dans l'eau** loc. v. 물 만난 물고기처럼 행복하다	Dans sa nouvelle école, ce petit garçon est heureux comme un poisson dans l'eau. 이 어린 소년은 새로운 학교에서 물 만난 물고기처럼 행복하다.
31	**Par plaisir** **Pour le plaisir** loc. adv. 심심풀이로, 취미로	Je cuisine toujours par plaisir, j'adore voir le visage des gens qui goûtent mes plats. 나는 요리를 즐겨 하는데, 나는 요리를 맛보는 사람들의 얼굴을 보는 것이 좋기 때문이다.
32	**Radieux(se)** adj. 빛나는, 눈부신, 기뻐하는	Ils sont radieux. Les photos de mariage seront magnifiques. 그들은 빛이 난다. 결혼식 사진은 근사할 것이다.
33	**Euphorique** adj. 환희에 찬, 행복에 겨운	Depuis la victoire de la France, les fans de foot sont euphoriques. 프랑스의 승리로 축구팬들은 환희에 찼다.

Sentiments et émotions

La tristesse
슬픔

34	**Avoir le cafard** loc. v. 울적하다, 기분이 상해 있다	Je ne sais pas pourquoi, mais j'ai le cafard. 왠지 모르게 우울하다.
	Donner le cafard loc. v. 울적하게 만들다	Je déteste la pluie ça me donne toujours le cafard. 나는 비가 싫다. 비는 나를 항상 울적하게 한다.
35	**Avoir le cœur serré** loc. v. 가슴이 미어지다, 슬퍼하다	J'ai le cœur serré de te voir partir mais c'est comme ça... 네가 그렇게 떠나는 걸 보니 가슴이 미어지는데, 어쩔 수 없는 거겠지...
36	**Maussade** adj. 침울한, 음산한	Je suis fatiguée de son air maussade. 나는 그의 침울한 분위기에 지쳤다.

37	**Avoir le vague à l'âme** loc. v. 마음을 동요시키다	Les paysages mélancoliques lui donnent le vague à l'âme. 울적한 풍경은 그의 마음을 동요시킨다. *우울한 기분, 우수에 찬 기분, 로맨틱한 감정 등의 동요
38	**Être triste à mourir** loc. v. 죽을 정도로 슬프다	Le voyage a été annulé et les élèves sont tristes à mourir. 여행이 취소되니 학생들은 죽도록 슬퍼한다.
39	**Avoir de la peine** loc. v. 괴로워하다, 마음이 아프다	À cause de la rupture, elle a beaucoup de peine. 이별 후 그녀의 마음은 무척이나 괴롭다.
	Faire de la peine loc. v. 괴롭게 하다	Voir ses enfants faire des bêtises et des erreurs fait toujours beaucoup de peine aux parents. 부모들은 아이들이 바보짓과 실수하는 것을 보며 괴로워한다.
40	**Tomber en dépression** loc. v. 의기소침해지다, 울적해지다	Elle fait une dépression, elle est tombée en dépression à cause de son cyberharcèlement. 그녀는 사이버폭력 때문에 우울증에 빠지고 의기소침해졌다.
41	**Broyer du noir** loc. v. 비관하다, 슬픈 생각에 잠기다, 울적하다	Les élèves broient du noir avant les exams. 아이들은 시험 전에 울적해진다.

Sentiments et émotions

L'amour et l'amitié
사랑과 우정

| 42 | **Sympathiser avec qqn**
v.
~와 친해지다 | Elles se sont rencontrées chez des amis et elles ont tout de suite sympathisé.
그녀들은 친구네 집에서 만난 뒤로 금세 친해졌다. |

| 43 | **Entretenir une relation / un rapport**
loc. v.
관계를 맺다, 어울리다 | Il entretient de bons rapports avec ses voisins.
그는 이웃들과 잘 어울린다. |

| 44 | **Avoir des atomes crochus avec qqn**
loc. v.
~와 죽이 맞다 | Après ce premier date, je pense que j'ai de beaux atomes crochus avec cette personne.
첫 데이트가 끝나고 보니, 나는 이 사람과 죽이 아주 맞는 것 같다. |

감정

| 45 | **Draguer**
v.
(이성을) 꼬시다 | Depuis qu'il s'intéresse aux filles, il passe son temps à les draguer.
이성에 관심을 가진 뒤로 그는 여자를 꼬시는 데에 시간을 보낸다. |

| 46 | **Flirter**
v.
플러팅하다, 꼬시다 | Je ne sais vraiment pas flirter.
나는 정말로 플러팅하는 법을 모르겠다. |

| 47 | **Faire les yeux doux à qqn**
loc. v.
~에게 추파를 던지다 | Cette jeune fille fait les yeux doux au mec à l'autre bout de la pièce.
이 젊은 여성은 같은 방 반대편의 남자에게 추파를 던진다. |

| 48 | **Déclarer sa flamme**
loc. v.
고백하다 | J'ai déclaré ma flamme avec des mots simples : tu es celle qui occupe mes pensées chaque jour.
나는 쉬운 말로 고백을 했지. 매일매일 난 네 생각으로 가득 차 있다는 걸. |

| 49 | **Avoir un crush pour qqn**
loc. v.
~에게 반하다 | La période du crush est ma préférée dans la séduction.
호감을 느끼는 때가 연애에서 내가 가장 좋아하는 시기이다.

J'ai un crush pour cet acteur.
나는 그 배우에게 반했다. |

| 50 | **S'intéresser à qqn**
v.
~에게 관심을 가지다 | Mon collègue s'intéresse à ma meilleure amie.
내 동료는 나의 절친에게 관심이 있다. |

프랑스어 중고급 어휘

115

Sentiments et émotions

51	**Avoir un date** loc. v. 데이트하다	Ce soir, j'ai enfin un date avec le gars sur lequel je crushe depuis 3 mois. 오늘 저녁 드디어 세 달 전에 반한 남자와 데이트가 있다.
52	**Aimer à perdre la raison** loc. v. 이성을 잃을 정도로 매우 사랑하다	Le mariage c'est aimer à perdre la raison son partenaire. 결혼이란 상대방을 이성을 잃을 정도로 좋아하는 것이다.
53	**Une relation amoureuse** loc. n. f. 연애, 교제	Elle s'est enfin engagée dans une relation amoureuse sérieuse. 그녀는 마침내 진지한 연애를 시작했다.
54	**S'engager dans une relation** loc. v. (진지한) 관계를 맺다	À cause de leur instabilité, les jeunes d'aujourd'hui ont de plus en plus du mal à s'engager dans une relation. 그들의 불안정한 상황 때문에 요즘 젊은이들은 갈수록 진지한 관계를 맺는 것을 어려워 한다.
55	**Une aventure d'un soir / un coup d'un soir** loc. n. m. 원 나잇 스탠드	Je déteste les aventures d'un soir, sans lendemain. 나는 다음이 없는 원 나잇을 싫어한다. J'ai eu plusieurs coups d'un soir avant de trouver la bonne personne. 나는 좋은 사람을 찾기 전까지 여러 번 원 나잇을 했다.
56	**Cacher / Dissimuler ses sentiments** loc. v. 감정을 숨기다	Cacher ses sentiments n'est pas une solution. 감정을 숨기는 것은 해결책이 될 수 없다.

57	**Tenir à qqn** v. ~를 소중하게 생각하다	Je tiens à toi. 너는 내게 소중해.
58	**Être sur la même longueur d'onde avec qqn** loc. v. ~와 뜻(코드)이 맞다 (주파수가 맞다)	Après des années de mariage, ils semblent toujours être sur la même longueur d'onde, prenant des décisions importantes ensemble sans trop de difficultés. 결혼 후 몇 년이 지났음에도, 중요한 결정을 어렵지 않게 함께 내리는 걸 보면 그들은 여전히 뜻이 맞는 듯하다.
59	**Faire plaisir à qqn** loc. v. ~를 기쁘게 하다	Les cadeaux que je prépare font toujours plaisir. 내가 준비하는 선물들을 항상 사람들을 기쁘게 한다.
60	**Rougir jusqu'aux oreilles** loc. v. 귀까지 빨개지다	Elle a fait un lapsus* et elle a rougit jusqu'aux oreilles. 말실수를 하자, 그녀의 귀가 빨개졌다. *Un lapsus : 음절을 바꾸어 말하는 등의 말실수

감정

Sentiments et émotions

La colère

분노

61	**Avoir une dent contre qqn** v. 원망하다, ~에게 원한을 갖다	Je déteste ce mec, après ce qu'il a fait, on peut dire que j'ai une dent contre lui. 나는 그 놈이 싫어. 그가 저지른 일을 보고 나니 미운털이 박혔달까.
62	**En avoir ras-le-bol** v. 지긋지긋하다, 진절머리가나다	J'en ai ras-le-bol de voir ma petite sœur me piquer mes affaires. 여동생이 내 물건을 훔치는 게 이제 지긋지긋하다.
63	**En avoir par-dessus la tête de qqc** v. 지겹다	J'en ai par-dessus la tête de ces personnes qui mettent des commentaires méchants et vains sur internet. 인터넷에서 악플과 허위 사실을 써대는 사람들 때문에 넌덜머리 난다.
64	**S'indigner de** v. ~에 대하여 분노하다	Ma famille s'est indignée de ton attitude au dîner. 우리 식구는 저녁 식사 때 네가 보인 태도 때문에 단단히 화가 났다.

65	**S'offusquer** v. 기분이 상하다	Je ne vais pas m'offusquer pour si peu. 그런 사소한 걸로 화내지 않을 것이다.
66	**C'est la goutte d'eau qui fait déborder le vase** loc. (비유) 꽃병을 넘치게 하는 것은 물 한 방울이다	Il a encore fait une erreur. C'est la goutte d'eau qui fait déborder le vase. 그가 또 실수를 저질렀다. 그걸로 모든 것이 한 번에 터져버렸다.
67	**Être d'humeur massacrante** loc. v. 기분이 매우 좋지 않다	Elle s'est levée du mauvais pied et elle est d'une humeur massacrante. 그녀는 하루를 엉망으로 시작해서 기분이 매우 좋지 않다.
68	**Être hors de soi** loc. v. 격노하다, 흥분하다	Mon père est hors de lui depuis qu'il sait que j'ai essayé la bière. 아버지는 내가 맥주를 마셔봤다는 사실을 안 이후로 대단히 화가 나 있다.
69	**Se vexer comme un pou** loc. v. 불같이 화를 내다	Ma sœur s'est vexée comme un pou après ma remarque. 우리 누나는 나의 지적에 불같이 화를 냈다.
70	**Être à bout de nerfs** loc. v. 신경질내다, 예민하다	Ça fait plusieurs jours que je suis énervé, je suis à bout de nerfs. 나는 며칠 전부터 화가 나 있어서 몹시 예민하다.

Sentiments et émotions

71	**Bouillir de colère** loc. v. 분노로 끓어오르다	L'injustice me fait toujours bouillir de colère. 불의는 나를 항상 분노로 들끓게 한다.
72	**Écœuré(e)** adj. 역겨운	Je suis écœurée par son attitude. 그 사람의 태도가 역겹다.
73	**Scandalisé(e)** adj. 분노한	Je suis scandalisé par le comportement des jeunes. 나는 젊은이들의 태도 때문에 분노한다.
74	**Ulcéré(e)** adj. 깊은 상처를 입은	Je ne pourrai pas être plus en colère, je suis ulcéré de ton comportement. 난 더 이상 화를 낼 수도 없다. 네 행동에 깊은 상처를 입었다.

6

Administration et Politique

행정과 정치

La démocratie

민주주의

| 1 | **Une démocratie**
n. f.
민주주의, 민주정치 | Nous vivons dans une démocratie.
우리는 민주주의에서 살고 있다.

Tous les pays qui clament être une démocratie ne le sont pas toujours notamment les pays qui dans leur nom officiel inclus « démocratique » ou « démocratie » ne le sont que très rarement.
민주주의를 주장하는 국가들이 모두 민주적인 것은 아닌데, 특히 국호에 '민주'나 '민주주의'를 포함하는 경우는 더더욱 그렇다.

La démocratie libérale 자유 민주주의
La démocratie représentative 대의 민주주의 |
| 2 | **Démocratique**
adj.
민주주의의, 민주적인 | La France est un pays démocratique.
프랑스는 민주국가이다.

Les principes démocratiques 민주주의 원칙 |

Administration et Politique

3	**Une démocratisation** n. f. 민주화; 대중화, 일반화	Le régime dictatorial a fini par s'effondrer à cause de manifestations continues en faveur de la démocratisation. 끊임없는 민주화 운동으로 독재 정권이 무너졌다. Nous assistons actuellement à une véritable démocratisation du smartphone. 오늘날 우리는 스마트폰의 진정한 대중화를 목도하고 있다.
4	**Une parité** n. f. 평등, 균등	Nous exigeons la parité hommes-femmes. 우리는 남녀 평등을 요구한다.
5	**Un quinquennat** n. m. 5 개년, 5 년 임기	Le président arrive à la fin de son quinquennat. 대통령 5 년 임기가 거의 끝났다.
6	**Un gouvernement** n. m. 정부	Prendre en main le gouvernement d'un pays 한 나라의 지배권을 장악하다 Le gouvernement de Vichy 비시정부 (제 2 차 세계대전 당시 페텡을 수반으로 한 친독 괴뢰 정부)
7	**Un régime** n. m. 체제, 제도, 규정, 법규	De nombreux régimes sont sous surveillance des services secrets car ils semblent dangereux. 많은 체제는 위험을 이유로 비밀 조직의 감시를 받고 있다. Un régime fiscal 세금제도
8	**Une république** n. f. 공화국	La République française 프랑스 공화국

9	**Une nation** n. f. 국민, 민족, 나라, 국가	De temps en temps, le gouvernement consulte la nation par référendum. 이따금, 정부는 국민 투표로 국민의 의사를 묻는다.
10	**La Marianne** n. f. 마리안느 (프랑스 공화국의 상징)	Marianne est un des symboles les plus forts de la République française, son buste est présent dans toutes les mairies de France. 마리안느는 프랑스 공화국의 가장 강력한 상징 중 하나이다. 프랑스 모든 시도청에서 마리안느 흉상을 찾아볼 수 있다.
11	**Une devise** n. f. 격언, 표어, 신조	« Liberté, Égalité, Fraternité », est la devise de la République française. 프랑스 공화국의 표어는 '자유·평등·박애' 이다.
12	**Un État** n. m. 국가, 정부	L'État a un rôle à jouer dans la gestion de cette crise. 국가는 위기 상황에서 할 역할이 있다. Le Chef de l'État 국가원수
13	**Un hymne nationale** loc. n. m. 국가(노래)	La Marseillaise est l'hymne national français. 라 마르세예즈는 프랑스 국가이다.

Administration et Politique

La gouvernance
정치

14	**Une autorité** n. f. 권한, 직권 ; 권력 기관 당국, 관청	Les jeunes de nos jours ne respectent plus l'autorité d'État car ils n'y trouvent aucune légitimité. 요즘 젊은이들은 국가 권력이 어떤 정당성도 가지지 못한다고 생각하며 이를 존중하지 않는다. L'autorité législative 입법 기관 L'autorité administrative 행정 기관 L'autorité judiciaire 사법 기관
15	**Un pouvoir** n. m. 권력	Le président de la République n'a pas les pleins pouvoirs. 프랑스 대통령은 전권을 가지고 있지 않다. Le parti au pouvoir 여당 Un plein pouvoir 전권 표현 Arriver au pouvoir 권좌에 오르다
16	**Une puissance** n. f. 힘, 권력	La puissance de ce pays n'est plus à démontrer. 이 나라의 역량은 이미 입증된 바 있다.

행정과 정치

17	**Diriger** v. 통치하다, 지휘하다	Le président dirige le pays d'une main de fer. 대통령은 전권을 행사한다.
18	**Gouverner** v. 지배하다, 통치하다	Que se passe-t-il lorsqu'un dictateur gouverne le pays ? 독재자가 나라를 통치하면 무슨 일이 벌어지는가?
19	**Une / la politique** n. f. 정책 / (정관사와 함께) 정치	Les Français adorent parler de la politique entre amis ou en famille. 프랑스인들은 친구나 가족끼리 정치 이야기를 즐겨 한다. La politique diplomatique 외교 정책 La politique extérieure 대외 정책 La politique démographique 인구 정책
20	**Public(que)** adj. 공공의, 공적인	Le secteur public 공공부문 L'intérêt public 공익
21	**Une directive** n. f. 강령, 지침, 지시	Les directives du rectorat de Paris concernant le COVID-19 n'a pas évolué. 코로나 19 와 관련한 파리 지역교육청의 지침은 바뀌지 않았다.
22	**Dominer** v. 지배하다	La droite domine dans les élections. 우파가 선거를 지배하고 있다.
23	**Dissoudre** v. 해산하다	L'Assemblée nationale est dissoute. 국회는 해산했다.

Administration et Politique

24	**Une popularité** n. f. 인기, 지지도	La popularité du président varie beaucoup. 대통령의 지지도는 많이 바뀐다. 표현 Gagner en popularité 인기가 있다
25	**Une population** n. f. 인구; 주민, 국민	Les populations locales sont inquiètes face à la COVID. 지역 주민들은 코로나바이러스에 대해 염려한다. La population vieillit. 인구가 고령화되다. La population active 생산 연령 인구
26	**Efficace** adj. 효과가 있는, 효과적인	Les services publics français ne sont pas très efficaces. 프랑스 공공서비스는 아주 효과적이진 않다.
27	**Exécutif(tive)** adj. 집행의, 행정의 **L'exécutif** n. m. 행정부, (헌법) 집행권	Les mesures prises volontairement par les personnes du pouvoir exécutif 행정부 권한자들이 자의적으로 취한 조치 Le pouvoir exécutif 행정부 L'exécutif se prépare à durcir les règles de l'assurance-chômage. 행정부가 실업보험 규칙을 단단히 할 준비를 한다.
28	**Exercer** v. 행사하다	Le mouvement des gilets jaunes exerce des pressions sur le gouvernement français. 노란 조끼 시위는 프랑스 정부에 압력을 행사한다.
29	**Une institution** n. f. 제도, 기관, 체제	Cette institution est fondée en 1990. 이 기관은 1990 년에 설립되었다. Les institutions nationales 국가 기관 Les institutions politiques 정치 제도

행정과 정치

30	**Institutionnel(le)** adj. 제도(상)의	Pour régler le problème de l'injustice, il faut établir des dispositifs institutionnels. 불공정 문제를 해결하기 위해서는 제도적인 장치 마련이 필요하다.
31	**Un système** n. m. 체제, 제도, 조직	Le système éducatif actuel est sévèrement critiqué. 현 교육 제도는 크게 비판 받는다.
32	**Former** v. 설립하다, 구성하다	Les conservateurs n'ont pas pu former un gouvernement majoritaire. 보수 당원들이 다수 정부를 구성하지 못했다.
33	**Nommer** v. ~라고 부르다 ; 임명하다	Monsieur Gabriel Attal a été nommé premier ministre. 가브리엘 아탈이 총리로 임명되었다.
34	**Obéir à qqn / qqc** v. ~에게 복종하다, ~을 따르다	Il obéit à son supérieur. 그는 상관에게 복종한다. 표현 Obéir au doigt et à l'œil de qqn ~가 시키는 대로 하다
35	**Soumettre** v. 제출하다	Une demande a été soumise pour changer cette loi. 이 법을 바꾸기 위한 건의가 제출되었다.
36	**Une municipalité** n. f. 지자체	Certaines municipalités ont adopté les menus végétariens obligatoires dans les écoles. 일부 지자체는 학교 내 의무 채식 메뉴 시행을 결정했다.

프랑스어 중고급 어휘

Administration et Politique

37	**Une régionalisation** n. f. 지방 분산화	Le gouvernement promeut la politique de régionalisation afin de résoudre le déséquilibre entre la capitale et d'autres villes. 정부는 수도와 다른 지역 간의 불균형을 해소하고자 지방 분산화 정책을 추진한다.
38	**Une tendance** n. f. 경향, 추세 ; 분파	Je suis de tendance gauchiste. 저는 좌파에 가깝습니다.
39	**Soutenir** v. 지원하다, 지지하다, 옹호하다	Le but est de soutenir les nouvelles entreprises. 목표는 신생 기업들을 지원하는 것이다.
40	**Une stratégie** n. f. 전략, 책략	La stratégie durant cette crise économique est complexe. 경제 위기 당시 전략은 복잡하다.
41	**Hiérarchisé(e)** adj. 계층화된, 수직적인	Chaque entreprise a des relations plus ou moins très hiérarchisées. 모든 회사에서 관계는 다소 수직적이다.
42	**Une crise** n. f. 위기, 난국	À cause de différents conflits politiques et militaires dans le monde, les pays adjacents se retrouvent souvent dans une crise conjointe. 세계에서 일어나는 정치 군사적 갈등으로 인해, 인접 국가들은 동시에 위기 상황에 놓이게 된다. La crise politique 정치적 위기 표현 Être en crise 위기이다, 불황이다

행정과 정치

Le vote
투표

43	**Un vote** n. m. 표, 투표	Je veux donner mon vote à quelqu'un d'honnête et de confiance. 나는 정직하고 신망 있는 사람에게 표를 던지고 싶다. Un vote de confiance 신임 투표
44	**Voter** v. 투표하다	Voter est un droit, c'est aussi un devoir civique. 투표는 권리이지만, 시민의 의무이기도 하다.
45	**Un suffrage** n. m. 선거, 투표	Le suffrage universel 보통선거 Le suffrage direct 직접선거 Le suffrage indirect 간접선거 Le droit de suffrage 투표권
46	**Un collège électoral** loc. n. m. 선거인단	Aux États-Unis, le collège électoral se réunit tous les 4 ans. 미국 선거인단은 4년에 한 번씩 모인다.
47	**Un(e) candidat(e)** n. m. / f. 후보, 지원자	La candidate du Parti Socialiste a un programme solide. 사회당 후보는 탄탄한 공약을 가지고 있다.

Administration et Politique

48	**Un(e) électeur(trice)** n. m. / f. 유권자, 선거인	Je me suis inscrit à la liste d'électeurs. 나는 선거인 명부에 유권자 등록을 했다.
49	**Une élection** n. f. 선출, 선발, 선거	Toutes les élections sont censées être l'expression de l'opinion du peuple, mais moins les gens votent, moins elles font sens. 모든 선거는 국민의 의사 표시여야 마땅하지만, 사람들이 투표를 하지 않을수록 선거의 의미도 희미해진다. Les élections générales 총선거 L'élection présidentielle 대통령 선거 Les élections sénatoriales 상원 의원 선거 Les élections législatives 국회 의원 선거
50	**Élire** v. 선출하다, 뽑다	Les habitants éliront le candidat qui considère l'économie locale. 주민들은 지역 경제를 살피는 후보를 선출할 것이다.
51	**Élu(e)** adj. / n. 뽑힌 / 당선자, 의원	Il a été élu président. 그는 대통령으로 뽑혔다. Les élus locaux essaient d'être vus dans les événements de la ville ou du département pour maintenir leur côte de popularité. 지방 의원들은 인지도를 유지하기 위해 시도 행사에 얼굴을 비추려 한다.
52	**Électoral(e)** adj. 유권자의, 선거의	La campagne électorale 선거 캠페인 Le programme électoral 공약 La liste électorale 선거 명부

53	**Un électorat** n. m. 선거권, 유권자, 선거인	Le candidat retravaille son programme électoral pour mieux répondre aux attentes de l'électorat flottant. 그 후보자는 아직 결정을 내리지 못한 유권자의 기대에 부응하기 위해 선거 공약을 손보고 있다.
54	**Une primaire** n. f. 당내 경선	Les élections primaires permettent de définir qui sera le candidat d'un parti. 당내 경선에서는 당을 대표하는 단 한 명의 후보를 선출한다.
55	**Un premier tour** loc. n. m. 1차 투표	Le premier tour de l'élection présidentielle s'est tenu les 9 et 10 avril 2022. 대선 1차 투표는 2022년 4월 9-10일 사이에 이루어졌다.
56	**Un second tour** loc. n. m. 2차 투표	Deux candidats restent en lice pour le second tour. 두 명의 후보가 2차 투표에서 맞붙는다.
57	**Une abstention** n. f. 기권, 기권표	Le taux d'abstention ne cesse d'augmenter. 기권율이 끊임없이 상승한다.
58	**Voter blanc** loc. v. 기권표를 행사하다	Certaines personnes vont voter par principe mais comme ils n'aiment aucun candidat, ils décident de voter blanc. 일부 사람들은 원칙에 따라 투표를 하지만 마음에 드는 후보가 없어서 기권표를 행사하기도 한다.
59	**S'abstenir** v. 삼가다, 끊다; 기권하다	De nombreux électeurs se sont abstenus. 많은 유권자들이 기권했다.

Administration et Politique

La législation
입법

60 Administratif(ve)
adj.
행정의, 관리의

Il y a beaucoup de tâches administratives à effectuer chaque jour.
매일 처리해야 할 행정업무가 많다.

L'administration
n. f.
행정, 관리

L'administration française est un cauchemar !
프랑스 행정은 지옥이다!

61 Juridique
adj.
법적인, 법률(상)의

Cette mesure est dépourvue d'effet juridique.
이 조치는 법적 효력이 없다.

62 La justice
n. f.
정당성, 권리

La justice sociale 사회 정의

Le tribunal a rendu justice à ces victimes.
법원은 이 희생자들의 권리를 인정했다.

63 La légalité
n. f.
적법성, 합법성

La légalité de ce contrat est à revoir.
이 계약의 합법성을 재검토할 필요가 있다.

반의어 L'illégalité 불법성

행정과 정치

64	**La Constitution** n. f. 헌법	La liberté de réunion et d'association est garantie par la Constitution. 집회 및 결사의 자유는 헌법에 의해 보장되어 있다.
65	**Constitutionnel(le)** adj. 합헌적인, 헌법에 의한	En Corée, depuis la réforme constitutionnelle de 1987, le président est élu par suffrage direct. 1987년 개헌 이후, 한국은 대통령을 직선제로 뽑는다.
66	**Un code** n. m. 법전, 법규	Vers 15-16 ans les jeunes, surtout dans les villes sans de nombreux transports, passent leur code de la route avant de pouvoir prendre des cours de conduite. 대중 교통이 없는 도시에서는 특히 많은 15~16세 청년들이 주행 시험을 보기 전 운전면허 필기 시험을 치른다. Le Code civil 민법 Le Code pénal 형법
67	**Une loi** n. f. 법	Nul n'est censé ignorer la loi. 누구도 법을 무시할 수 없다. 표현 La loi dit que ... 법은 ~라고 규정하고 있다.
68	**En conformité avec qqc** loc. adv. ~에 따라서, ~에 부합하게	Les décisions sont prises en conformité avec la loi. 법에 따라 결정이 내려졌다. 동의어 Conformément à qqc ~에 부합하게
69	**Un projet de loi** n. m. 법안	L'Assemblée a adopté le projet de loi. 하원은 그 법안을 통과시켰다.

Administration et Politique

| 70 | **Un article** n. m. 조항 | Conformément à l'article L3121 du code du travail, des heures supplémentaires peuvent être accomplies dans la limite d'un contingent annuel. 노동법 L3121 조항에 따라, 초과근무는 연간 할당시간 내에서 이뤄질 수 있다. |

| 71 | **Examiner** v. 검토하다, 심의하다 | Les députés examinent le projet de loi. 국회 의원들이 법안을 검토한다. |

| 72 | **Législatif(ve)** adj. 입법의, 법률 제정에 관한 **Un législatif** n. m. 입법권, 입법부 **Des législatives** n. f. pl. (복수) 국회 의원 선거 | Née le 17 juin 1789, L'Assemblée nationale est au cœur de notre démocratie. Elle forme avec le Sénat le pouvoir législatif dont la mission est de faire la loi et de contrôler le Gouvernement. 1789 년 6 월 17 일에 탄생한 하원은 민주주의의 중심에 있다. 상원과 하원은 입법부를 구성하며, 법을 제정하고 정부를 견제할 의무를 가진다. Les législatives = Les élections législatives 국회 의원 선거 |

| 73 | **Une législation** n. f. 법제, 법, 입법 | Il reste quelques zones d'ombre dans la législation du travail en France. 프랑스 노동법에는 여전히 어두운 부분이 존재한다. |

| 74 | **Légiférer** v. 법률을 제정하다 | La prostitution entre autres est un sujet de débat : beaucoup se demandent s'il faut la légaliser et légiférer la pratique. 매춘을 비롯한 문제가 논쟁의 중심에 섰다. 많은 사람들이 이를 합법화하고 매춘 행위에 대한 법률을 제정해야 하는지 자문한다. |

행정과 정치

75 Une majorité
n. f.
다수, 과반수 ; 여당

La majorité a voté en faveur.
과반수가 찬성했다.

76 Une réforme
n. f.
개혁, 개정

Le gouvernement essaie de passer sa réforme des retraites.
정부는 퇴직 연금 개혁을 통과시키려 노력한다.

77 Une règle
n. f.
규범, 규율

Les nouvelles règles déplaisent aux Français.
새로운 규칙이 프랑스인들의 마음에 들지 않는다.

78 Un règlement
n. m.
(행정부에서 정한) 명령, 규칙

Le règlement change sans cesse.
규칙이 계속 바뀐다.

79 Un principe
n. m.
원리, 기본 방침, 규범

Le principe de majorité régit les élections en France.
프랑스 선거에서는 다수결의 원칙이 적용된다.

80 Une mesure
n. f.
조치, 대책, 수단

Les mesures prises pour faire face à l'épidémie sont radicales.
전염병에 맞서기 위한 조치들은 극단적이다.

81 Mettre en application
loc. v.
적용하다, 발효하다

Cette loi sera bientôt mise en application.
이 법안은 곧 발효될 것이다.

82 Mettre en œuvre
loc. v.
~을 실행하다

Tout est mis en œuvre pour que la cérémonie se déroule comme prévu.
계획대로 행사를 진행하기 위해 모든 방법이 동원되었다.

Administration et Politique

83	**Entrer en vigueur** loc. v. 발효가 되다	Le traité de paix entre en vigueur dès aujourd'hui. 평화 협정은 오늘부터 발효한다.
84	**Adopter** v. 채택하다, 가결하다	L'Assemblée a adopté le projet de loi. 국회는 그 법안을 통과시켰다.
85	**Accorder** v. 승인하다, 부여하다	La région accorde des aides financières pendant la crise sanitaire. 그 지역은 보건 위기 동안 금전적 지원을 하고 있다. Merci de m'avoir accordé de votre temps. 시간을 내주셔서 감사합니다. 표현 Accorder l'autorisation de + inf. ~하도록 허가를 내주다
86	**Appliquer** v. 적용하다, 발효하다	La police fait appliquer la loi. 경찰이 법을 집행한다.
87	**Instaurer** v. 창시하다, 창설하다	Le régime autoritaire a instauré un climat de terreur parmi les habitants. 독재 정권이 국민 사이에 공포 분위기를 조성했다.
88	**Une planification** n. f. 계획	L'étape de planification est presque terminée. 계획 단계가 거의 끝났다. La planification familiale 가족 계획
89	**Un budget** n. m. 예산	Le budget administré à la lutte contre la COVID est colossal ! 코로나바이러스의 대응에 들어간 예산은 막대하다!

90 Une approbation / Un consentement / Une autorisation
n. f.
찬성, 동의, 승인, 허가

Sans l'autorisation du procureur, les policiers ne peuvent pas enquêter sur les propriétés privées.
검사의 허가 없이 경찰관들은 사유 재산에 대한 조사를 할 수 없다.

Ces échanges seront possibles avec l'approbation du gouvernement.
이 거래는 정부의 승인과 함께 가능해질 것이다.

91 Une chambre
n. f.
의회

Le Congrès des États-Unis se compose du Sénat et de la chambre des représentants.
미국 의회는 상원과 하원으로 구성된다.

92 Élaborer
v.
심사숙고하여 구상하다

Le gouvernement est en train d'élaborer un plan pour lutter contre la COVID.
정부는 코로나바이러스에 대처하기 위한 계획을 구상 중이다.

93 Un droit
n. m.
법, 권리

Chaque majeur d'une démocratie a des droits et des devoirs.
민주주의에서 모든 성인은 권리와 의무를 가진다.

Le droit de grâce 사면권

Le droit d'auteur 저작권

94 Un conseil
n. m.
심의회, 의회

Un conseil des citoyens a été mis en place pour représenter l'avis général de l'ensemble de la population auprès du gouvernement.
시민 의회는 국민의 전반적인 의견을 정부에 전달하기 위해 생겨났다.

Le Conseil des ministres 각료 회의

Administration et Politique

95	**Un traité** n. m. 계약, 협정, 조약	Un traité a été signé entre la France et l'Allemagne. 프랑스와 독일 사이에 조약이 체결되었다.
96	**Constituer** v. 구성하다, 이루다	La législation constitue l'ensemble des lois d'un État ou d'un domaine. 법률은 한 국가나 한 지역 법 전체를 구성한다.
97	**Une décentralisation** n. f. 지방 분권(화)	La décentralisation donne plus de pouvoir aux régions. 지방 분권화는 지방에 더 힘을 실어준다.

행정과 정치

L'opposition
반대

98	**Défendre** v. 지키다, 방위하다, 보호하다	La France défend les droits de l'Homme. 프랑스는 인권을 보호한다. Le défenseur des droits de l'Homme 인권운동가
99	**Une indépendance** n. f. 독립, 자치	Nous allons célébrer le centième anniversaire de l'indépendance. 우리는 독립 100 주년 기념식을 거행할 것이다.
100	**Renverser** v. 뒤집다, 엎다	La Révolution française a renversé la monarchie. 프랑스 대혁명이 군주제를 무너뜨렸다.
101	**Une révolution** n. f. 혁신, 혁명	Prendre une décision aussi importante que la réduction des salaires, c'est s'exposer à une mini-révolution dans l'entreprise. 임금 삭감과 같이 중대한 결정을 내리는 것은 기업에게 있어서 작은 혁명을 마주하는 것과 같다. La révolution industrielle 산업 혁명

Administration et Politique

102	**Une solidarité** n. f. 연대 책임	Les Français ont fait preuve de solidarité durant cette crise. Ils se sont aidés les uns les autres. 위기를 겪는 동안 프랑스인들은 연대하는 모습을 보여줬다. 그들은 서로 도왔다.
103	**Un sondage** **Une enquête** n. m. 조사, 연구, 여론조사	Lors des élections, des sondages sont effectués pour connaître la popularité des candidats. 선거철이면 후보 선호도를 파악하기 위해 여론조사가 실시된다.
104	**Un syndicat** n. m. 노동조합	Les agriculteurs ont formé un syndicat afin de faire entendre leurs voix au gouvernement. 농민들은 자신들의 목소리를 정부에 내기 위해 조합을 설립했다.
105	**Une initiative** n. f. 발의, 제창, 주도	Cette initiative contribuera également au dynamisme de l'économie régionale. 이 발의는 지역 경제 활성화에도 기여할 것이다. Les syndicats prennent l'initiative de ce projet. 노조가 이 프로젝트에 앞장선다.
106	**Une cohabitation** n. f. 동거, 좌우동거	Le gouvernement de cohabitation 동거 정부 (대통령과 내각 정파가 다른 정부)
107	**Une motion de censure** loc. n. f. 불신임 결의, 탄핵안	Ils ont présenté à l'Assemblée nationale une motion de censure contre le ministre. 그들은 국회에 장관 탄핵안을 제출했다. 유의어 Une proposition de destitution 탄핵안

행정과 정치

108	**Une injustice** n. f. 불공정성, 부당	Ils se sont rassemblés pour dénoncer l'injustice de la situation. 그들은 불평등한 상황을 규탄하기 위해 모였다. L'injustice sociale 사회적 불평등
109	**Une manifestation** n. f. 시위	Une manifestation se tient sur la place de la mairie. 시청 광장에서 집회가 열렸다. 유의어 Un mouvement social 사회 운동
110	**Un référendum** n. m. 국민투표, 일반투표	Les Britanniques se mordent encore les doigts de leur dernier référendum qui les a sortis de l'Union Européenne. 영국인들은 아직까지도 유럽연합 탈퇴 결정을 내린 국민투표를 후회한다.
111	**Hostile** adj. 적대적인, 반대하는	Les Français sont hostiles face à cette nouvelle réforme. 프랑스인들은 이 새로운 개혁에 반대한다.
112	**Intervenir** v. 개입하다, 간섭하다	Je vous prie de ne pas intervenir dans leurs affaires. 그들의 일에 간섭하지 않길 부탁합니다.
113	**Une intervention** n. f. 개입, 간섭	La police a effectué une intervention. 경찰이 개입했다. L'intervention militaire 군사(무력) 개입
114	**Le dernier mot** n. m. 최종 결정권	Elle veut toujours avoir le dernier mot. 그녀는 항상 최종 결정을 하려고 한다니까.

Administration et Politique

115	**Une défense** n. f. 방어, 방위, 국방, 보호	Nous avons pris la défense de la femme. 우리는 여성을 보호한다. La légitime défense 정당 방위
116	**Être composé de** loc. v. ~으로 구성되다	Le groupe des gilets jaunes se compose d'individus de toutes les classes sociales. 노란 조끼 단체에는 모든 사회 계층이 포함되어 있다.
117	**Une censure** n. f. 비난, 비판, 검열, 검열기관	Une partie de ce film a été supprimée par la censure. 영화의 일부가 검열로 삭제되었다.
118	**Une démission** n. f. 사직, 사임	Hier, il m'a donné sa démission. 어제 그가 내게 사직서를 냈다.
119	**Démissionner** v. 사직하다	Le ministre devrait en être tenu responsable et démissionner de son poste. 장관은 그 일에 책임을 지고 직위에서 물러나야 할 것이다.

Les partis
정당

120 Un parti
n. m.
당, 정당

Lors des élections, c'est souvent une compétition entre deux partis favoris et les autres sont en général sur le banc de touche.
선거는 주로 두 정당 사이의 경쟁이며 다른 정당들은 일반적으로 경쟁에서 밀려나 있다.

Le parti au pouvoir 여당
Le parti d'opposition 야당

121 Une orientation politique
loc. n. f.
정치 성향, 정치색

Quelles sont vos orientations politiques ?
당신의 정치 성향은 무엇인가요?

Administration et Politique

| 122 | **La droite**
n. f.
우익, 우파 | Les professionnels des professions libérales sont souvent de droite.
자유직에 종사하는 전문가들은 보통 우파이다.

L'extrême droite 극우파

표현 Être de droite 우파이다 |

| 123 | **La gauche**
n. f.
좌익, 좌파 | Le Parti Social (PS) est un parti politique de centre gauche.
사회당은 중도 좌파 정당이다.

Tout comme en Italie, la gauche française est en difficulté et ce sont des forces libérales et conservatrices qui dominent le jeu.
이탈리아와 마찬가지로 프랑스 좌파는 난관을 겪고 있으며, 자유 및 보수파가 우세를 점하고 있다.

표현 Être de gauche 좌파이다 |

| 124 | **Le centre**
n. m.
중도 | *Le Monde* est un journal de centre-gauche, tandis que *Le Figaro* se veut être un quotidien de centre-droit.
피가로는 중도 우파 일간지라 주장하는 반면, 르몽드는 중도 좌파 신문이다.

De centre-droit 중도 우파의
De centre-gauche 중도 좌파의 |

| 125 | **Extrême**
adj.
극도의, 극심한 | Le Rassemblement National (RN) est extrême dans ses décisions.
국민연합(프랑스 극우 정당)의 결정은 극단적이다. |

행정과 정치

126	**Socialiste** adj. 사회주의(자)의, 사회주의적인 **Le socialisme** n. m. 사회주의	Les socialistes espèrent de bons résultats aux prochaines élections. 사회주의자들은 다음 선거에서 좋은 결과를 기대한다. Le pays socialiste 사회주의 국가 Depuis la dernière élection présidentielle, le socialisme français est définitivement en déclin. 지난 대선부터 프랑스 사회주의는 눈에 띄게 쇠락하고 있다.
127	**Progressiste** adj. 진보주의의	Les progressistes ne sont pas vraiment d'un bord politique exacte mais ont toujours la même envie : éviter le statu quo. 진보주의자들은 명확한 정치적 입장을 갖지 않지만 항상 같은 욕심을 가지고 있다. 바로 현상 유지를 피하는 것이다. Le parti progressiste 진보당
128	**Conservateur(trice)** adj. 보수주의의, 보수적인 **Le conservatisme** n. m. 보수주의	Les conservateurs ne sont pas très populaires en France. Leur attachement au traditionalisme déplait. 보수주의자들은 프랑스에서 그다지 인기가 없다. 그들의 전통주의적 태도는 호감을 끌지 못한다.
129	**Nationaliste** adj. 민족주의의 **Le nationalisme** n. m. 민족주의	Le nationalisme se traduit par un chauvinisme, un patriotisme qui selon les personnes est soit positive, fierté de la nation, soit négative, xénophobie entre autres. 국수주의는 사람들에 따라 긍정적인 경우에는 국가에 대한 자부심으로 해석되기도 하지만, 부정적인 경우에는 타인 혐오 등으로 해석될 수 있다.

Administration et Politique

130 **Libéral(e)**
adj.
자유주의의

Le libéralisme
n. m.
자유주의

Les partis libéraux favorisent en général la libre entreprise, la déréglementation et la protection des droits individuels.
자유주의 당은 일반적으로 자유 경영, 규제 완화 그리고 개인의 권리 보호를 두둔한다.

131 **Populisme**
adj.
포퓰리즘적인

Le populisme
n. m.
포퓰리즘

Le populisme est un sens particulier du socialisme qui ne croit pas à la lutte des classes mais qui veut redonner le pouvoir au peuple. Il est de nos jours souvent synonyme de démagogie.
포퓰리즘은 사회주의의 한 갈래로, 계급 투쟁을 믿는 대신, 권력을 다시 국민에게 돌려주고자 하는 움직임이다. 최근에는 종종 민중 선동의 동의어로 사용된다.

132 **Communiste**
adj.
공산주의의

Le communisme
n. m.
공산주의

Le Parti communiste français (PCF) est fondé en 1920.
프랑스 공산당은 1920 년에 창당되었다.

En 1975, le Viêt-Nam a adopté le communisme comme idéologie politique dominante.
1975 년, 베트남은 공산주의를 지배 정치 이념으로 삼았다.

133 **Écologiste(Écolo)**
adj. n.
환경주의의, 환경주의자

L'écologisme
n. m.
환경주의

Les écolos, dans la politique, cherche avant tout à rééquilibrer l'économie et la politique vers un monde meilleur et plus vert.
정치에서 환경주의자들은 무엇보다도 더 나은, 더욱 환경적인 세상을 위해 경제와 정치를 재정비하는 것을 추구한다.

134	**La République en Marche (LREM)** loc. n. f. 앙마르슈당, 전진당	Le LREM a été crée en 2016 par Emmanuel Macron et est placé au centre-droit sur l'échiquier politique français. 앙마르슈당은 2016년 에마뉘엘 마크롱에 의해 창설되었으며, 프랑스 정치 진영에서 중도 우파에 위치하고 있다.
135	**Les Républicains (LR)** loc. n. m. pl. 공화당	Pour Les Républicains, plutôt de droite, les individus doivent être autonomes. 공화당은 우파에 가까우며, 개인들은 독립적이어야 한다고 주장한다.
136	**Le Parti Socialiste (PS)** loc. n. m. 사회당	Le Parti Socialiste trouve ses fondations dans le socialisme et la lutte contre les injustices. 사회당은 사회주의와 불평등에 대한 투쟁을 기반으로 한다.
137	**La France Insoumise (LFI)** loc. n. f. 불복하는 프랑스당	La France Insoumise est un parti politique créé par Jean-Luc Mélenchon qui est associé aux partis radicaux de gauche et qui a comme projet politique l'écosocialisme. 불복하는 프랑스당은 정치적으로 환경사회주의를 표방하는 극좌파 당을 연합하는 장뤽 멜랑숑이 설립한 정당이다.
138	**Les Verts** n. m. pl. 녹색당	En 2010, le parti Les Verts a changé son nom en Europe Écologie Les Verts. 2010년 녹색당은 '유럽 환경 녹색당'으로 명칭을 바꿨다.

Administration et Politique

| 139 | **Le Rassemblement national (RN)**
loc. n. m.
국민연합 | Le RN obtient de plus en plus de votes aux élections.
국민연합이 선거에서 점점 더 많은 득표수를 받고 있다. |

| 140 | **Le Parti Communiste Français (PCF)**
loc. n. m.
프랑스 공산당 | Le PCF ne rassemble plus beaucoup de partisans et les communistes ont même reçu le sobriquet de « coco ».
프랑스 공산당은 더이상 많은 지지자를 결집하지 못하며, 공산주의자들은 때때로 '코코'라는 별명으로 불리기까지 한다. |

행정과 정치

Les professionnels de la politique
정치 관련 직업

141	**Un(e) Président(e)** n. m. 대통령, 대표	Le mandat du Président de la République est de cinq ans. 프랑스 대통령 임기는 5 년이다.
142	**Une première dame** n. f. 영부인	La première dame a inauguré une initiative caritative visant à soutenir l'éducation des jeunes. 영부인은 청년 교육을 지원하기 위한 자선 활동을 펼쳤다.
143	**Un(e) chef(fe) d'État** n. m. / f. 국가 원수 ; 대통령	Le chef d'État a rencontré ses homologues pour discuter des questions diplomatiques. 대통령이 외교 사안을 논의하기 위해 국가 원수들을 만났다.
144	**Un(e) chancelier(ère)** n. m. / f. 수상	L'ancienne chancelière allemande, Angela Merkel a été réélue pour un quatrième mandat. 전 독일 수상 앙겔라 메르켈은 4 번 연임을 했다.

Administration et Politique

145	**Un(e) vice-président(e)** n. m. / f. 부통령	Kamala Harris est à la fois la première vice-présidente américaine et la première personne issue de la communauté afro-américaine et asiatique à occuper ce poste. 카멀라 해리스는 미국 최초의 여성 부통령이자 이 자리에 오른 최초의 흑인·아시아계 인물이다.
146	**Un(e) premier(ère) ministre** n. m. / f. 총리	Le poste du premier ministre est encore inoccupé. 총리 자리가 아직 공석이다.
147	**Un(e) ministre** n. m. / f. 장관	Il a été nommé ministre. 그는 장관으로 임명되었다.
148	**Parlementaire** adj. / n. 의회의, 국회의 / 국회의원	Le régime parlementaire 의회 제도 Les parlementaires sont en discussion depuis hier soir, le résultat du débat devrait sortir ce matin. 국회 의원들은 어제 저녁부터 토의 중이며, 회의 결과는 오늘 아침에 나올 것이다.
149	**Un(e) député(e)** n. m. / f. 국회 의원	Ce député a été réélu sans difficultés. 그 의원은 무난히 재선되었다.
150	**Un(e) sénateur(trice)** n. m. / f. 상원 의원	Il est nommé sénateur. 그는 상원 의원으로 선출되었다.

행정과 정치

| 151 | **Un homme / Une femme politique** n. m. / f. 정치인 | Les hommes politiques sont souvent perçus comme des menteurs nés par la population. 정치인들은 국민에 의해 탄생한 위선자로 여겨진다. |

| 152 | **Un(e) politicien(ne)** n. m. / f. 정치인 | La politicienne intègre un parti à la fin de ces études. 학업이 끝난 후 정치인이 정당에 가입한다. |

| 153 | **Un(e) maire** n. m. / f. 시장, 구청장, 면장 | La maire du 7e arrondissement de Paris s'est déclarée candidate à la mairie de Paris en 2026. 파리 7 구청장이 2026 년 파리 시장 출마 의사를 밝혔다. |

| 154 | **Un(e) porte-parole** n. m. / f. 대변인 | Le porte-parole a tenu une conférence de presse pour répondre aux questions des médias. 대변인이 언론의 질의에 답하기 위해 기자회견을 열었다. |

| 155 | **Un(e) fonctionnaire** n. m. / f. 공무원 | Les fonctionnaires ont la réputation d'aimer finir à l'heure et commencer un peu en retard et surtout d'être chanceux ! 공무원들은 퇴근은 일찍 하고, 출근은 늦게 하는데다 운이 좋은 것으로 유명하다! |

| 156 | **Un(e) homologue** n. m. / f. 동등한 지위를 가진 사람 | Le président américain a eu une réunion bilatérale avec son homologue chinois pour renforcer les relations diplomatiques. 미국 대통령은 외교 관계를 강화하기 위해 중국 지도자와 양자 회담을 가졌다. |

Administration et Politique

Les impôts
세금

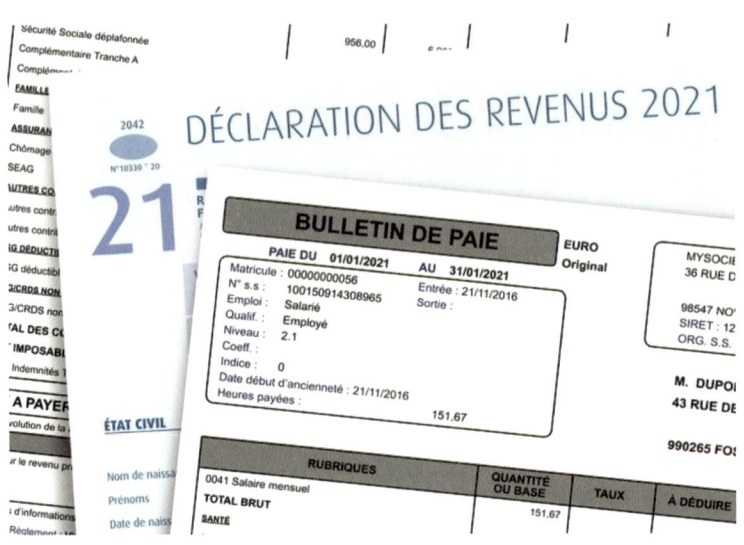

157	**Un(e) contribuable** n. m. / f. 납세자 **Le contribuable** n. m. 납세자들(집합 명사)	Les retraites, le chômage et les bourses sont payées par le contribuable sous la forme des impôts. 은퇴, 실업, 장학금은 납세자들의 세금으로 부담한다.
158	**Une finance** n. f. 재정, 재무	Il est doué à la finance, alors il est engagé à la banque. 그는 재무에 능해서 은행에서 근무하게 되었다.
159	**Un fisc** n. m. 국세청, 세무서, 국고	Les contrôles du fisc sont redoutés car s'ils trouvent quoi que ce soit les amendes sont très élevées. 국세청 감사는 조금이라도 흠이 잡히면 높은 벌금을 부과하는 탓에 두려움의 대상이 되었다.

160	**Imposer** v. 부과하다, 강요하다	Le gouvernement a imposé un couvre-feu. 정부는 통행 금지령을 내렸다.
161	**Un taux** n. m. 세액, 백분율, 비율	La baisse du taux de natalité constitue un problème majeur de la société coréenne. 출생률 감소는 한국 사회에서 심각한 문제이다. Le taux de change 환율 Le taux de l'impôt / d'imposition 세율 Le taux de natalité 출생률 Le taux d'inflation 인플레이션율
162	**Un impôt** n. m. 세금, 조세	Les impôts sont à payer à la fin de chaque année fiscale. 매 회계 연도 말에 세금을 내야 한다.
163	**Déterminer** v. 결정짓다, 규정하다	Il est important de déterminer les causes du problème. 문제의 원인을 규정하는 것은 중요하다.
164	**Déterminant(e)** adj. 결정적인	Le revenu n'est pas un facteur déterminant qui rembourse ou non sa carte de crédit. 신용 카드 금액 상환 여부에 있어 소득은 결정적인 요인이 아니다.
165	**Une direction** n. f. (관청의) 부, 국, 청 ; 직권, 관리, 지휘	Il a pris la direction du Sénat. 그는 상원 의장을 맡았다. La Direction Nationale d'Enquêtes Fiscales 세무 조사국

Administration et Politique

Les institutions
기관

166	**Une assemblée** n. f. 의회, 의사당	Les députés travaillent à l'Assemblée nationale. 국회 의원들은 국회에서 일한다. L'Assemblée nationale 국회
167	**Le Palais de l'Elysée** n. m. 프랑스 대통령 관저, 엘리제궁	Le roi du Maroc a été reçu par le président français au Palais de l'Elysée. 프랑스 대통령이 모로코 국왕을 엘리제 궁에서 영접했다.
168	**Un parlement** n. m. 의회, 국회	Le Premier ministre s'est exprimé devant le Parlement. 총리는 국회에서 자신의 생각을 표현했다.
169	**Un sénat** n. m. 상원	Le projet de loi a été rejeté au Sénat. 상원에서 이번 안건을 부결하였다.

170	**Un ministère** n. m. 정부부처, 내각	Le Ministère des Finances 재무부 Le Ministère des Affaires Étrangères 외교부
171	**Une cour** n. f. 재판소, 법원	La Cour de cassation 파기원(프랑스 최고 재판소) La Cour de justice 법정 La Haute Cour de Justice 고등법원
172	**Un tribunal** n.m. 법원, 법정	Le tribunal des affaires familiale 가정법원 Le tribunal des conflits 분쟁조정법원
173	**Une préfecture** n. f. 도청	La préfecture des Pays de la Loire 페이드라루아 도청
174	**Une communauté** n. f. 공동체, 사회, 단체	La Communauté Européenne du Charbon et de l'Acier(CECA) 유럽 석탄 철강 공동체 La Communauté Économique Européenne(CEE) 유럽 경제 공동체
175	**Une commune** n. f. 읍, 면	Avec sa politique de création d'emploi, la commune attire de nouveaux habitants. 일자리 창출 정책으로 그 읍은 새로운 주민들을 끌어당긴다. La Commune de Paris 파리 코뮌(1971년 3월 28일~5월 28일 사이 파리 시민과 노동자들이 봉기하여 수립한 혁명 자치 정부)

Administration et Politique

176	**Un arrondissement** n. m. 시의 구, 군	Il y a 20 arrondissements à Paris. 파리에는 20 개의 지구가 있다.
177	**Une organisation** n. f. 단체, 기구	L'ONU, Organisation des Nations Unis 유엔 L'OIF, Organisation Internationale de la Francophonie 국제프랑코포니기구 L'OMS, Organisation Mondiale de la Santé 세계보건기구
178	**Un organisme** n. m. 기관, 기구	Cet organisme rembourse une partie des frais de santé. 그 기관은 의료비의 일부를 환급해준다.
179	**Une union** n. f. 통합, 결합, 연맹, 연합	L'Union Européenne compte actuellement 27 pays membres. EU 는 현재 27 개국이다.
180	**Une agence** n. f. 대리점 ; 정부기관, 공공단체	L'Agence Nationale de la Recherche (ANR) 국립연구원 L'Agence Nationale pour la Rénovation Urbaine(ANRU) 국립도시재개발센터
181	**Municipal(e)** adj. 도시의, 읍/면의	Les élections municipales se tiendront le 28 juin. 지방 선거가 6 월 28 일에 있을 예정이다.

7

Presse et médias
언론과 미디어

언론과 미디어

La composition d'un journal
신문 구성

1	**Une couverture** n. f. 신문 보도, 취재, 표지	Cette affaire a fait l'objet d'une grande couverture médiatique. 언론은 이 사건을 대대적으로 보도했다. La couverture médiatique 매스컴 보도
2	**La une** n. f. 일면, 첫 페이지	Cet événement a fait la une des journaux. 이 사건은 신문의 일면을 차지했다. 표현 Faire la une des journaux 일면을 장식하다 Être à la une 일면을 장식하다, 대서특필하다
3	**Un sommaire** n. m. 개요, 목차	Je regarde toujours le sommaire avant de lire un livre. 나는 책을 읽기 전에 항상 개요부터 본다.
4	**Une accroche** n. f. 구호, 서두	J'aime beaucoup l'accroche de cet article. 나는 이 기사의 서두가 좋다.

Presse et médias

5	**Accrocher** v. 끌어 당기다, 끌다	Cette publicité accroche l'attention du public. 이 광고는 주의를 끈다.
6	**Un titre** n. m. 제목	Le titre de cet article est effrayant. 이 기사 제목이 소름 끼친다.
7	**Un gros titre** n. m. 톱뉴스, 헤드라인, 대서특필	Cette affaire a fait les gros titres des journaux. 이 사건은 신문에 대서특필 되었다. 표현 Faire les gros titres 헤드라인을 장식하다
8	**Un sous-titre** n. m. 부제 ; 자막	N'oubliez pas d'ajouter des sous-titres dans votre travail. 작업물에 자막 넣는 거 잊지 마세요.
9	**Un chapeau** n. m. (전문 내용을 요약하는) 첫 문단, 리드, 전문	Le chapeau d'un article de journal 신문 기사의 첫 문단
10	**Une interview** n. f. 인터뷰, 회견	Certaines personnalités refusent d'accorder des interviews car ils protègent leur vie privée. 몇몇 유명 인사들은 사생활 보호를 위해 인터뷰를 거절한다.
11	**Un entretien** n. m. 인터뷰	L'entretien n'a pas été concluant. 인터뷰가 단정적이진 않았다.

언론과 미디어

12	**Un article** n. m. 기사 ; 논문	Mon petit frère est journaliste, il a publié son premier article la semaine dernière ! 내 남동생은 기자인데, 그는 지난주에 첫 기사를 썼다 !
13	**Une brève** n. f. 브리핑	Écrire une brève est un exercice compliqué pour tous les journalistes car ils doivent la rendre intéressante dès les premiers mots. 브리핑을 작성하는 것은 모든 기자들에게 어려운 숙제인데, 첫 마디에서부터 흥미를 끌어야 하기 때문이다.
14	**Un fait divers** **Les faits divers** n. m. 잡보	J'aime lire la section faits divers dans ce journal. 나는 이 신문의 잡보면을 읽는 게 좋다.
15	**Une caricature** n. f. 삽화, 캐리커쳐	Cette caricature te représente parfaitement. 이 캐리커쳐가 너랑 완전 닮았다.
16	**Un dessin humoristique** loc. n. m. 풍자 만화	Cet artiste fait beaucoup de dessins humoristiques. 이 아티스트는 풍자 만화를 많이 그린다.
17	**Une enquête** n. f. 여론 조사, 앙케이트	Les positions de l'article sont tous basés sur l'enquête menée par des journalistes lors d'un reportage en Afrique. 기사의 입장은 아프리카 취재 시 기자들이 행한 여론 조사를 바탕으로 한다.

Presse et médias

18	**Une chronique** n. f. (신문·라디오·TV 의) 기사, 시평 **Un(e) chroniqueur(euse)** n. m. / f. 평론가	Ce procès a défrayé la chronique. 그 소송은 장안의 화제가 되었다. Ce chroniqueur est toujours piquant vis à vis de la politique. 이 평론가는 정치에 대해서라면 늘 신랄하다.
19	**Un éditorial** n. m. (신문·잡지·방송의) 사설	Aujourd'hui, l'éditorial du journal soulève le problème de la réforme de l'université. 오늘 신문 사설에서 대학 개혁을 문제 삼았다.
20	**Une critique** n. f. 비평	Il y a une objectivité à son attitude critique. 그의 비평 태도에는 객관성이 있다. La critique faite sur les sorties de film permet aux lecteurs d'avoir des opinions de connaisseurs sur le sujet et ainsi de faire le meilleur choix. 개봉한 영화에 대한 비평은 독자들이 이에 대한 전문가의 의견을 얻어 최선의 선택을 하게끔 돕는다.
21	**Une colonne** n. f. (인쇄물의) 종단, 종행, 난	Cet article occupe toute la première colonne. 이 기사는 첫 번째 난 전체를 차지했다.
22	**Une rubrique** n. f. (신문의) 난	L'article est publié sous la rubrique des sciences. 기사가 과학란에 발행되었다. Tu trouveras l'article dans la rubrique politique. 그 기사를 정치란에서 찾을 수 있을 거야.

언론과 미디어

| 23 | **Un communiqué de presse**
n. m.
보도 자료 | Nous avons diffusé un communiqué de presse afin d'éviter plus de scandales.
우리는 스캔들을 피하기 위해 언론 보도 자료를 배포했다. |

| 24 | **Un reportage**
n. m.
탐방기사, 현지[현장]보도 | Tu dois absolument regarder ce reportage !
너 이 탐방보도 꼭 봐야 해 ! |

| 25 | **Un scoop**
n. m.
(신문의) 특종 | Il a vendu un grand scoop et a gagné beaucoup d'argent.
그는 특종을 팔아서 돈을 많이 벌었다.
유의어 une exclusivité 특종 |

| 26 | **Un billet**
n. m.
(신문의) 짤막한 기사 | J'ai écrit un billet pour ce petit journal.
나는 이 작은 신문에 짤막한 기사를 하나 썼어. |

| 27 | **Une petite annonce**
n. f.
(구인·구직·개인간의 매매를 위한) 광고 | Si tu veux adopter un chat, regardes dans les petites annonces.
고양이 입양하고 싶으면 광고란을 봐. |

| 28 | **Une source**
n. f.
출처 | Il faut toujours vérifier les sources d'un document.
자료의 출처를 항상 확인해야 한다. |

| 29 | **Un sondage**
n. m.
여론조사 | Il s'agit d'un sondage d'un groupe de consommateurs pour une étude de marché.
이는 시장 조사를 위해 소비자 그룹을 조사한 것이다.
동의어 une enquête 여론 조사 |

Presse et médias

30	**Traiter d'un sujet** loc. v. 한 주제를 다루다	Les reportages traitent de sujets d'actualité. 취재기사가 시사문제를 다룬다.
31	**Couvrir** v. 다루다, 보도하다	Le correspondant a couvert les élections aux États-Unis tout au long de la journée. 특파원이 미국 대선을 하루 종일 보도했다.
32	**Le journalisme d'investigation** loc. n. m. 취재 저널리즘	Le journalisme d'investigation a révélé des scandales politiques majeurs et a contribué à maintenir la transparence de la société. 취재 저널리즘이 중대한 정치 스캔들을 밝혀내면서 사회의 투명성 유지에 기여했다.
33	**Un kiosque à journaux** loc. n. m. 신문 판매 키오스크	Ce matin, je m'arrête au kiosque à journaux près de chez moi pour acheter le dernier numéro de mon journal préféré. 오늘 아침, 나는 집 근처 신문 키오스크 앞에 멈추어서 가장 좋아하는 신문의 신판을 샀다.

언론과 미디어

Les médias
미디어

34	**La liberté d'expression** loc. n. f. 표현의 자유	La liberté d'expression est un droit fondamental dans notre société. 표현의 자유는 우리 사회의 기본적인 권리이다.
35	**La liberté d'information** loc. n. f. 보도의 자유	Dans certains pays, la liberté d'information est menacée. 몇몇 나라에서는 보도의 자유가 위협받고 있다.
36	**Fonder un journal** loc. v. 창간하다	Ce journal a été fondé il y a 30 ans. 이 신문은 30년 전에 창간되었다.
37	**Paraître / Sortir** v. 발행되다	Le dernier numéro de Télérama est paru ? 텔레라마 최신판이 나왔나요 ?

Presse et médias

38	**Une parution** n. f. 출판, 발행	La parution de cet article dans le journal est prévue pour demain. 이 기사는 내일자 신문에 실릴 예정이다.
39	**Être distribué(e)** v. 배포되다	Ce journal est distribué à travers toute la France. 이 신문은 프랑스 전역에 배포된다.
40	**Une diffusion** n. f. 배포, 방송, 송출	La dernière diffusion de l'émission a connu quelques problèmes. 지난 프로그램 송출에 몇 가지 문제가 있었다.
41	**Être tiré à (10) exemplaires** loc. v. ~(10)부를 발행하다	Les journaux sont tirés à 384 000 exemplaires chaque jour. 매일 384,000 부의 신문이 발행된다.
42	**Un angle** n. m. 관점, 입장, 각	L'angle de cet article est un peu humoristique. 이 기사의 관점은 다소 유머러스 하다.
43	**Une ligne éditoriale** n. f. 편집 방향, 편집 방침	La ligne éditoriale de ce magazine est bonne. 이 잡지의 편집 방향이 좋다.
44	**Un ton** n. m. 논조, 톤	Chaque journal a un ton un peu différent selon son penchant politique. 신문마다 정치적 성향에 따라 다른 논조를 띤다.

언론과 미디어

| 45 | **Le public**
Un public
n. m.
대중 | Le public était ravi de la nouvelle saison de la série à sensations.
대중은 자극적인 시리즈 새 시즌을 보며 기뻐했다.
Cet artiste a perfomé devant un public jeune.
이 예술가는 젊은 관중 앞에서 공연했다. |
|---|---|---|
| 46 | **Passer à la télé /**
à la radio
loc. v.
TV/라디오에 나오다 | Ma sœur est passée à la télé !
우리 언니가 텔레비전에 나왔어! |
| 47 | **Une censure**
n. f.
(출판물 따위의) 검열, 심의 | La commission de censure
심의 위원회
Ce journal a été interdit par la censure.
이 신문은 검열로 발행 금지되었다. |
| 48 | **Viser un lectorat + adj.**
loc. v.
~한 독자층을 겨냥하다 | Ce journal vise un lectorat plutôt jeune.
이 신문은 젊은 층을 겨냥한다. |
| 49 | **S'adresser à**
v.
~에 호소하다,
~를 대상으로 하다 | Le public auquel ce livre s'adresse
이 책의 대상 독자
Cette collection s'adresse aux jeunes lecteurs à partir de 6 ans.
이 컬렉션은 6세 이상 아동을 대상으로 한다. |
| 50 | **Une conférence de presse**
n. f.
기자회견 | La conférence de presse aura lieu demain matin.
기자회견이 내일 아침에 열릴 것이다. |

Presse et médias

51	**Une actualité** n. f. 시사, 뉴스	Le journal relate l'actualité politique. 신문은 정치 현안을 상세히 다룬다.
52	**Une médiatisation** n. f. 기사화	Nous sommes exposés à une surmédiatisation. 우리는 지나친 기사화에 노출되었다.
53	**Un bouclage** n. m. 신문의 최종 편집·교정	Le bouclage du journal a pris du retard. 신문 최종 교정이 늦어졌다.
54	**Des médias** n. m. (pl.) (흔히 복수) 매체, 미디어	Les médias diffusent beaucoup d'informations inutiles. 미디어가 불필요한 정보를 많이 유포한다.
55	**Une édition** n. f. 출판, 발행	Chaque nouvelle édition essaie de moderniser ses exemples et ses techniques d'apprentissage. 각각의 신판은 예시와 공부법을 현대에 발맞추기 위해 노력한다. La dernière édition 최신판 La maison d'édition 출판사
56	**Une émission** n. f. 방송, 프로그램	Cette émission est vraiment divertissante. 그 방송은 정말로 재미있다.
57	**Les informations** n. f. pl. 뉴스, 소식	J'écoute les infos à la radio. 나는 라디오로 뉴스를 듣는다. *Des infos = des informations 소식, 정보

언론과 미디어

58	**Un journal en papier** n. m. 종이 신문	Aujourd'hui, les journaux en papier connaissent une situation financière très difficile. 오늘날 종이 신문은 재정이 매우 어렵다.
59	**Un journal télévisé (JT)** n. m. TV 뉴스	Nous regardons le journal télévisé pendant le dîner. 우리는 저녁을 먹으면서 텔레비전 뉴스를 시청한다.
60	**Un journal satirique** loc. n. m. 풍자 신문	Le *Canard enchaîné* est un hebdomadaire français satirique paraissant le mercredi. 카나르 앙셰네는 매주 수요일에 발행되는 프랑스 풍자 주간지이다.
61	**Un hebdomadaire** n. m. 주간지	Ce magazine hebdomadaire se vend à 50 000 exemplaires. 이 주간지는 50,000 부 팔린다.
62	**Un magazine** loc. n. m. 잡지	J'aime lire des magazines féminins dans le train. 나는 기차에서 여성잡지를 읽는 걸 좋아한다.
63	**Un mensuel** n. m. 월간지	Je souscris un abonnement au mensuel *Lire*. 나는 월간지 Lire 정기 구독을 신청했다.
64	**Un bimensuel** n. m. 격월간지	Les bimensuels sont de plus en plus rares mais ils restent appréciés. 격월간지는 점점 찾아보기 어렵지만 여전히 사랑받고 있다.

Presse et médias

65 **Une revue**
n. f.
잡지, 정기간행물

Je me suis abonnée à une revue culinaire.
나는 요리 잡지를 정기 구독했다.

66 **Une revue de presse**
loc. n. f.
신문 스크래핑

Pour ce travail, vous allez faire une revue de presse complète.
이 작업을 위해, 여러분은 신문 스크래핑을 할 겁니다.

67 **La presse**
n. f.
출판(물), 언론

Je l'ai lu dans la presse. Toute la presse en parle.
나는 그것을 신문에서 읽었다. 모든 언론이 이것에 대해 얘기한다.

68 **Une presse à scandale**
loc. n. f.
타블로이드지, 찌라시

La presse à scandale, est une catégorie de publications traitant de l'actualité et de la vie privée des personnes publiques et des célébrités.
타블로이드지(찌라시)는 공인이나 유명인사들의 사생활을 보도하는 언론의 한 갈래이다.

69 **Une presse féminine**
loc. n. f.
여성지

La presse féminine est beaucoup plus variée désormais !
이제 여성지는 더 다양해졌다.

70 **Une presse régionale**
loc. n. f.
지역 신문

Lire la presse régionale permet d'être au courant des actualités de sa ville.
지역 신문을 읽으면 자신이 사는 도시의 소식을 접할 수 있고, 특히 가족들은 문화생활을 계획할 수 있게 된다.

언론과 미디어

71	**Une rédaction** n. f. 작성, 집필, 편집국	J'ai envoyé mon travail à la rédaction. 나는 작업을 편집국에 보냈다.
72	**Une station de radio** loc. n. f. 라디오 방송국	C'est la station de radio préférée de mon père. 이건 우리 아버지가 가장 좋아하시는 라디오 채널이다.
73	**Un feuilleton** n. m. (신문의)연재소설 ; 연속극	Ma grand-mère aime les feuilletons. 우리 할머니는 신문에 실린 연재소설을 읽는 걸 좋아하신다.
74	**Un multimédia** n. m. 멀티미디어	Pour rendre les informations intéressantes, utiliser un multimédia semble être la façon la plus moderne de piquer l'intérêt du public. 뉴스를 재미있게 만들기 위해 멀티미디어를 사용하는 것이 대중의 관심을 끌기 위한 가장 현대적인 방법으로 보인다.

Réagir aux médias

언론에 반응하기

75	**S'informer** v. 정보를 얻다, 뉴스를 접하다	Il est important de s'informer pour comprendre comment fonctionne le monde. 세상에 어떻게 돌아가는지 알기 위해 뉴스를 보는 것이 중요하다.
76	**Un(e) abonné(e)** n. m. / f. 구독자	Il y a de plus en plus d'abonnés. 구독자가 점점 더 늘어난다.
77	**Un abonnement** n. m. 구독	J'ai souscrit un abonnement à une revue. 나는 잡지 정기 구독을 신청했다.
78	**S'abonner** v. 구독하다	Je me suis abonné à un journal. 나는 신문을 구독했다.

79	**Un(e) lecteur (trice)** n. m. / f. 구독자 **Le lectorat** **Le lecteur** n. m. 구독자들 (집단)	Je suis une grande lectrice. 나는 독서를 많이 한다. Ce roman plonge le lecteur dans un voyage à l'autre bout du monde. 이 소설은 독자들을 세계 반대편 여행으로 이끈다. Cette bibliothèque offre un vaste choix au lectorat. 이 도서관은 독자들에게 다양한 선택지를 제공한다.
80	**Un(e) auditeur (trice)** n. m. / f. 청취자	Les auditeurs n'ont pas été très réceptifs. 청자들의 반응이 미지근했다.
81	**Un(e) spectateur (trice)** n. m. / f. 시청자	Le programme est nouveau et les spectateurs sont restés dubitatifs : ils ne semblent pas convaincus. 새로운 프로그램인 만큼 시청자들은 회의적이었다. 그다지 설득된 것 같지 않다.
82	**Zapper** v. 채널을 이러 저리 돌리다	J'ai passé la soirée à zapper les chaînes. 나는 채널 돌리다 저녁 시간을 다 보냈다.
83	**Avoir bonne / mauvaise presse** loc. v. (언론에서) 평이 좋다/평이 좋지 않다	Cet homme a vraiment mauvaise presse. = il a vraiment une mauvaise réputation. 그 남자는 평이 아주 나쁘다.

Presse et médias

84	**Une rumeur infondée** loc. n. f. 유언비어, 뜬소문	C'est basé sur une rumeur complètement infondée. 이건 완전 뜬소문이야.
85	**Une fake news** **Une intox** loc. n. f. 거짓정보, 페이크뉴스	Les intox ou fake news sont courantes en ligne. Les sources sont donc de la plus haute importance ! 거짓정보 또는 페이크뉴스는 인터넷에서 매우 성행한다. 따라서 출처가 매우 중요해졌다!
86	**La désinformation** n. f. 거짓 정보, 페이크뉴스	Croire sur parole quelqu'un ou un post en ligne peut mener à la désinformation. 다른 사람의 말이나 온라인 게시물을 믿는 것은 페이크뉴스를 만들 수 있다.

언론과 미디어

Les professionnels de la presse

언론 종사자

87	**Une agence de presse** n. f. 언론사	Le photographe de cette agence de presse fait un travail incroyable ! 이 언론사 사진 기자의 작업은 멋져 !
88	**Un(e) rédac en chef** n. m. / f. 편집장	En tant que rédactrice en chef, elle supervise l'ensemble du processus éditorial et assure la cohérence du contenu du magazine. 주필인 그녀는 전반적인 편집 과정을 감독하고 잡지 콘텐츠가 일관적인지 확인한다. *Rédac = rédacteur(trice)
89	**Un(e) directeur(trice) de la rédaction** n. m. / f. 편집장, 편집국장	La directrice de la rédaction a introduit de nouvelles rubriques pour diversifier le contenu du magazine. 편집장은 잡지 콘텐츠의 다변화를 위해 새로운 란을 신설했다.

Presse et médias

90	**Un(e) directeur(trice) de la publication** n. m. / f. 발행인	Le directeur de la publication est débordé de travail. 발행인은 일로 몹시 바쁘다.
91	**Un(e) pigiste** n. m. / f. 자유 기고가, 프리랜서 기자	Le pigiste est un journaliste indépendant qui est payé à la pige, c'est-à-dire, à l'article ou reportage qu'il peut vendre à différents journaux, sites internet, chaînes de télévision ou radio. 자유 기고가란 행 단위로 돈을 받는 독립 기자를 말하는데, 기사나 취재 기사를 다양한 신문사, 인터넷, TV 채널, 라디오 등에 판매하는 것을 말한다.
92	**Un(e) éditorialiste** n. m. / f. (신문의) 논설가, (잡지의) 에디터	L'éditorialiste a rédigé un éditorial percutant sur les enjeux environnementaux, appelant à des actions immédiates. 논설가는 환경 문제에 대한 인상적인 논설을 작성하며 즉각적인 행동을 촉구했다.
93	**Un(e) présentateur (trice)** n. m. / f. 앵커	Anne-Sophie Lapix est une célèbre présentatrice du journal de 20 heures. 안 소피 라피는 유명한 8 시 뉴스 앵커이다.
94	**Un(e) photographe de presse** n. m. / f. 사진 기자	Le photographe de presse fait un travail de très grande qualité. 그 사진 기자의 작업은 수준이 매우 높다.

언론과 미디어

| 95 | **Un(e) journaliste d'investigation**
n. m. / f.
취재 기자 | Les journalistes d'investigation travaillent essentiellement sur le terrain.
취재 기자들은 기본적으로 현장에서 일한다. |

| 96 | **Un(e) reporter d'images**
n. m. / f.
촬영 기자 | En tant que reporter d'images chevronné, il capture des moments clés à travers des photographies et des vidéos, offrant ainsi une perspective visuelle unique sur les événements.
열정적인 촬영 기자인 그는 중요한 순간을 사진과 영상으로 포착함으로써 사건에 대한 독특한 관점을 제시한다. |

| 97 | **Un(e) envoyé(e) spécial(e)**
n. m. / f.
특파원 | Chaque journal a une équipe d'envoyés spéciaux aux quatre coins du monde.
신문사마다 전 세계에 특파원 팀이 있다. |

8

Accidents
사건사고

Les délits et crimes

범죄

1	**Un délit** n. m. 경범죄, 부정행위, 범법행위	Il est primordial de prévenir le délit pour répondre au problème de l'insécurité publique. 치안 문제를 해결하기 위해서 경범죄를 예방하는 것이 중요하다. Le délit de fuite 도주죄, 뺑소니
2	**Un crime** n. m. 범죄(중범)	Ce crime restera dans les mémoires. 이 범죄는 사람들의 기억에 남을 것이다.
3	**Criminel(le)** adj. 죄를 범한 **Un(e) criminel(le)** n. m / f. 범죄자	Un criminel a été arrêté après avoir été identifié par les caméras de surveillance, alors qu'il tentait de cambrioler une maison dans le quartier résidentiel. 주택가에서 가택 침입을 시도하던 범죄자는 CCTV 로 확인되어 검거되었다.

Accidents

4	**La sécurité publique** loc. n. f. 치안	La sécurité publique est une préoccupation majeure pour le gouvernement. 치안은 정부에게 매우 중요한 과제이다.
5	**La criminalité** n. f. (집합적) 범죄 행위	Le grouvernement met en place des mesures strictes pour assurer la protection des citoyens contre la criminalité et les menaces potentielles. 정부는 시민들을 범죄와 잠재적 위협에서 보호하기 위해 강력히 대응한다.
6	**Commettre un délit / un crime** loc. v. 범죄를 저지르다	Il a commis un délit grave. 그는 심각한 범죄를 저질렀다.
7	**Avoir lieu** v. 일어나다, 벌어지다, 개최되다	L'accident de la route a eu lieu à l'intersection principale. 주요 교차로에서 교통사고가 발생했다. 유의어 Se dérouler 일어나다, 전개되다
8	**Se produire** v. 발생하다, 일어나다	Le vol à main armée s'est produit devant la banque hier. 어제 은행 앞에서 무장강도 사건이 발생했다.
9	**Survenir** v. 불시에 나타나다, 돌발적으로 일어나다.	Les crimes violents peuvent survenir même dans les quartiers considérés comme sûrs. 폭력 범죄는 안전하다고 여겨지는 지역에서도 발생할 수 있다.

사건 사고

| 10 | **Se perpétrer**
v.
(죄가) 저질러지다 | Un tir à feu s'est perpétré dans le quartier commerçant, faisant 10 morts.
상업가에서 총격이 저질러져서 10 명이 사망했다. |

| 11 | **Faire (5) morts / victimes**
loc. v.
~(5)명이 사망 / 희생되다 | Le conflit Israël-Hamas a fait plus de 12 000 morts.
이스라엘-하마스 분쟁으로 12,000 명 이상이 사망했다. |

| 12 | **Le bilan humain**
loc. n. m.
인명 피해 | Lors des guerres le bilan humain est souvent d'autant plus choquant quand il s'agit de civils.
전쟁 중 민간인 인명 피해는 매우 충격적이다.
Le bilan est extrêmement lourd.
인명 피해가 매우 크다. |

| 13 | **Grièvement blessé(e)**
loc. adj.
중상을 입은 | Le violent séisme a provoqué la perte de nombreuses vies et a laissé un grand nombre de personnes grièvement blessées.
강한 지진으로 수많은 생명을 빼앗기고 많은 사람들이 중상을 입었다. |

| 14 | **Une agression**
n. f.
공격, 습격, 침략, 폭행 | L'agression a eu lieu hier soir à 19h.
공격은 어젯밤 7 시에 일어났다.
Une agression sexuelle 성폭행 |

| 15 | **Un assassinat**
n. m.
암살, 살인 | L'assassinat de cette femme est un mystère.
이 여성 살인은 미스터리이다.
Une tentative d'assassinat 암살 시도 |

185

Accidents

16	**Un meurtre** n. m. 살인, 살해, 살인죄	Elle est condamnée à quinze ans de prison pour meurtre. 그녀는 살인죄로 징역 15 년형을 선고받았다.
17	**Un homicide** n. m. 살인	Il est inculpé pour homicide involontaire pour avoir percuté un jeune sous conduite alcoolisée. 그는 음주 운전으로 젊은 남성을 친 후, 비고의적 살인 혐의로 고발당했다.
18	**Un féminicide** n. m. 여성 살인, 페미니사이드	Le nombre de féminicide ne semble pas diminuer malgré la prévention qui est faite à ce sujet. 여성 살인 건수는 근절 운동에도 불구하고 줄어들 기미가 보이지 않는다.
19	**Un génocide** n. m. 학살, 제노사이드	Le XXème siècle a été un siècle de violence excessive, marqué par plusieurs génocides : la Shoah, le génocide des Arméniens et celui des tutsi au Rwanda. 20 세기는 과도한 폭력과 학살로 점철된 세기였다. 쇼아(유대인 대학살), 아르메니아인 학살 그리고 르완다 투치족 학살이 이루어졌다.
20	**Une arnaque** n. f. 사기, 절도	C'est de l'arnaque ! 이건 사기다! Beaucoup d'arnaques sont perpétrées par le vol de données sur Internet ou par mail. 인터넷이나 메일을 통한 데이터 도난으로 인해 다수의 사기가 일어났다.
21	**Un escroc** n. m. 사기꾼	Il m'a semblé être un escroc. 내가 보기에 그는 사기꾼 같았다.

22	**Une escroquerie** n. f. 사기	Avec l'expansion des réseaux sociaux, les cas d'escroqueries en ligne se multiplient. SNS 가 발전함에 따라 온라인 사기 건수가 늘어나고 있다.
23	**Une attaque** n. f. 공격, 습격	L'attaque terroriste a fait plusieurs victimes. 테러공격으로 여러 희생자가 나왔다.
24	**Une bagarre** n. f. 싸움판, 소란, 소동 **Se bagarrer** v. 싸우다	C'est le roi de la bagarre ! 그는 싸움의 왕이다! Les enfants se bagarrent souvent mais il ne faut pas que cela continue à l'adolescence et encore moins à l'âge adulte. 아이라면 모름지기 몸싸움을 하기 나름이지만 청소년기와 성인이 되서까지 이어져서는 안 된다.
25	**Un coup de feu** loc. n. m. 발포, 총성	Les premiers coups de feu ont été tirés de la fenêtre de cet immeuble. 첫 번째 총성은 건물의 창가에서 발사되었다.
26	**Ouvrir le feu** loc. v. 발사하다	Les policiers ont ouvert le feu en direction d'un homme qui avait volé une voiture. 경찰들이 차량을 훔친 남성을 향해 총을 발사했다.
27	**Un cambriolage** n. m. 불법침입, 강도	Il y a de plus en plus de cambriolages. 강도가 점점 더 많아진다.
28	**Voler** v. 훔치다, 절도하다	Il a volé le téléphone portable de cette personne ! 그가 이 사람의 휴대전화를 훔쳤다!

Accidents

29	**Un vol** n. m. 도둑질, 절도	Le vol s'est déroulé cette nuit. 오늘 밤에 절도 사건이 벌어졌다. 동음이의어 un vol 비행 　　　　　un numéro de vol 항공편 번호
30	**Se faire voler** loc. v. 도둑 맞다	Je me suis fait voler mon sac dans le métro. = On m'a volé mon sac dans le métro. 지하철에서 가방을 도둑맞았다.
31	**Un chantage** n. m. 공갈, 협박, 강탈	Il ne faut pas céder au chantage lors d'enlèvement mais faire tout de suite appel à la police. 유괴가 발생했을 때 협박에 넘어가서는 안 되며 즉시 경찰에 신고해야 한다. 표현 Exercer du chantage sur qqn 　　 = Faire du chantage à qqn 　　 ~를 협박하다
32	**Un hold-up** n. m. 무장 강도 행위	Le hold-up a duré plus de 12 heures. 무장 강도 행위가 12 시간 지속되었다.
33	**Un pickpocket** n. m. 소매치기	Le pickpocket a été surpris la main dans le sac ! 소매치기는 현장에서 잡혔다 !
34	**Suspect(e)** adj. / n. m. 수상쩍은, 의심이 가는 / 용의자	Il est un suspect dans cette affaire. 그는 이 사건의 용의자이다. Il a un look vraiment suspect. 그는 정말 수상해 보인다. 표현 être suspect(e) de qqc ~의 혐의가 있는

사건 사고

35	**Un(e) coupable** n. m. / f. 죄인, 범인	Le coupable nie les faits qui lui sont reprochés. 범인은 혐의 사실을 부정했다.
36	**Un(e) prisonnier(ère)** n. m. / f. 포로, 죄수, 체포된 사람	Le prisonnier va être transféré. 죄수는 이송될 것이다. 표현 Faire prisonnier qqn ~을 생포하다
37	**Un enlèvement** n. m. 제거, 절도 ; 납치, 유괴	L'enlèvement d'enfant dans le but d'obtenir une rançon est un crime. 몸값을 얻기 위해 아이를 납치하는 것은 범죄이다. Un enlèvement de mineur = un kidnapping 미성년자 유괴
38	**Enlever** v. 없애다 ; 빼앗다 ; 유괴하다	Un homme a été enlevé dimanche matin en pleine rue à Paris. 한 남자가 일요일 아침 파리 길 한복판에서 납치되었다. On lui a enlevé son sac. 그는 가방을 빼앗겼다.
39	**Un kidnapping** n. m. 납치, 유괴	Elle a retrouvé ses parents 50 ans après son kidnapping. 그녀는 유괴 이후 50년이 지나 부모님을 다시 찾았다.
40	**Kidnapper** v. 유괴하다, 납치하다	Il s'est fait kidnapper pendant son voyage en Europe. 그는 유럽여행 중 납치되었다.
41	**Une extorsion** n. f. 갈취	Il a vécu une situation d'extorsion, où quelqu'un le menaçait pour obtenir de l'argent. 누군가 돈을 얻으려 협박하여 그는 갈취를 당했다.

Accidents

42	**Une émeute** n. f. 폭동, 소요	Une émeute a éclaté hier soir. 어젯밤 폭동이 일어났다.
43	**Une évasion** n. f. 탈주, 탈옥, 도피, 회피	Sa tentative d'évasion a échoué. 그녀의 탈주 시도가 실패했다. Une évasion fiscale 조세 회피
44	**S'évader de qqc** v. ~로부터 벗어나다 ; 탈옥하다	Prisonnier depuis des mois, Pierre a réussi à s'évader de sa cellule en creusant un tunnel secret pendant plusieurs semaines. 몇 달째 수감 중이었던 피에르는 몇 주에 걸쳐 비밀 터널을 판 끝에 감옥에서 탈출했다. J'ai décidé de m'évader de ma vie monotone en entreprenant un voyage autour du monde. 나는 일상을 벗어나 세계 여행을 하기로 마음먹었다.
45	**Se faire la belle** loc. v. 탈옥하다	Il s'est fait la belle avec d'autres codétenus. 그는 다른 수감자와 함께 탈옥했다.
46	**Une innocence** n. f. 결백, 무죄	Il plaide l'innocence. 그는 결백을 주장한다.
47	**Innocent(e)** adj. 무죄의, 결백한	Après avoir passé 5 ans en prison, il fut reconnu innocent du crime. 5년을 감옥에서 보낸 후, 그가 그 범죄로부터 결백함이 밝혀졌다.

사건 사고

| 48 | **Une culpabilité** n. f. 유죄 | Le jury a tranché : il s'est prononcé sur la culpabilité du criminel. 재판관들이 결정을 내렸다. 범죄자에게 유죄를 선고했다. |

| 49 | **Coupable** adj. / n. 유죄의 / 죄인 | Il est coupable d'avoir volé de l'argent. 그는 돈을 훔친 죄를 지었다. Le coupable sera puni d'un emprisonnement de deux ans. 그 범죄자는 2 년의 징역형 받을 것이다. |

| 50 | **Frapper** v. 치다, 때리다 | Elle a frappé une autre femme dans la rue. 그녀가 길에서 다른 여자를 때렸다. |

| 51 | **Allumer** v. 불을 붙이다, 켜다 | Le criminel qui a allumé le feu est toujours recherché. 화재범은 여전히 수배 중이다. |

| 52 | **Accuser** v. 고발하다, 비난하다 | On l'accuse d'avoir volé son voisin. 사람들은 그녀가 이웃의 돈을 훔쳤다고 비난한다. |

| 53 | **Falsifier** v. 위조하다, 변조하다 | Il a falsifié la signature de ses parents. 그는 부모님의 사인을 위조했다. |

| 54 | **Faire un casse / un braquage** loc. v. (강도가) 가택 침입하다 | Un braquage a été déjoué ce matin à 10h. 오늘 아침 10 시에 가택 침입이 발생했다. |

Accidents

55	**Louche** adj. 수상한, 이상한	Cet homme a l'air louche. 이 남자는 어딘가 수상해 보여. *Chelou = Louche (Verlan, fam. 스펠링 순서를 바꾼 은어, 구어표현)
56	**Étrange** adj. 기이한, 이상한	Cette personne est très étrange. 이 사람은 매우 이상하다.
57	**Violent(e)** adj. 난폭한, 거친, 폭력적인	Bien souvent, des personnes qui se montrent violentes peuvent avoir du mal à maintenir des relations positives avec les autres. 종종, 운전대를 잡을 때 난폭한 사람들은 다른 사람들과 긍정적인 관계를 맺는 데 어려움을 겪을 수 있다.
58	**Non violent(e)** adj. 비폭력적인	Une manifestation non violente 비폭력 시위
59	**Corrompu(e)** adj. / n. 썩은, 부패한, 타락한 / 매수된 사람	Le gouvernement a pris des mesures pour sanctionner le policier corrompu. 정부가 부패 경찰을 징계하기 위해 칼을 빼 들었다.

Les forces de l'ordre

경찰력

60	**Les forces de l'ordre** loc. n. f. 경찰력, 진압대	En France, les forces de l'ordre sont souvent amenées à intervenir lors de manifestation. 프랑스에서 경찰력은 주로 시위를 진압한다.
61	**La police** n. f. 경찰	La police travaille jour et nuit. 경찰은 밤낮으로 근무한다.
62	**Un(e) flic** n. m. / f. fam. 짭새, 경찰	On constate que les flics ne respectent pas forcément les lois. 경찰들이 법을 항상 지키는 것은 아니라는 사실을 알 수 있다. 유의어 Un(e) policier(ère) 경찰관

Accidents

63	**Un commissariat de police** loc. n. m. 경찰서		Les commissariats de police ne sont pas des endroits très accueillants mais il est nécessaire d'y aller en cas de vol à l'arrachée ou tout autre problème. 경찰서는 사람을 따뜻하게 맞이하는 곳은 아니지만 소매치기와 같은 문제를 겪은 경우에는 가야 한다.
64	**Un(e) gendarme** n. m. /f. 경찰, 순경, 헌병		Le policier est un civil qui travaille dans la fonction publique, majoritairement dans les grandes villes. 경찰은 대체로 대도시에서 근무하는 공무원이다. Le gendarme, de son côté, est un militaire appartenant aux forces armées, qui couvre surtout les zones rurales et les villes de taille modeste. 반면, 순경들은 농촌이나 작은 도시에서 활동하는 군권력이다.
65	**Une gendarmerie** n. f. 경찰서		Souvent, dans les campagnes, la seule représentation des forces de l'ordre est la gendarmerie. 종종, 지방에서 경찰력 역할을 대신하는 것은 순경이다.
66	**Les CRS (Les Compagnies Républicaines de Sécurité)** n. f. pl. 국가 경찰 기동대		Les CRS sont les plus craints pour leur réputation de violences policières lors des manifestations. 프랑스 국가 경찰 기동대는 시위 도중 행사하는 경찰 폭력으로 평판이 가장 나쁘다.
67	**Un pompier** n. m. 소방관, 재난 구조원		Les pompiers sont des héros. 소방관들은 영웅이다.

사건 사고

68 Une arrestation
n. f.
체포

Comment éviter de faire l'objet d'une arrestation à l'étranger : respectez les lois et réglementations du pays que vous visitez.
해외에서 체포되지 않기 위해서 방문하는 국가의 법과 법규를 지키세요.

69 Arrêter
v.
체포하다

Les policiers ont arrêté le coupable.
경찰이 범인을 잡았다.

70 Une plainte
n. f.
고소

La victime de violences a déposé une plainte contre son mari.
가정폭력 피해자가 배우자를 상대로 고소했다.

표현 Déposer une plainte contre qqn
~을 상대로 고소하다

유의어 accuser / dénoncer qqn
~를 고소하다, 고발하다

71 Une enquête
n. f.
조사, 수사

La police lance une enquête pour cette affaire.
이 사건에 관해 경찰은 수사를 시작했다.

표현 Lancer une enquête 조사에 착수하다

72 Interroger
v.
심문하다

Le commissaire a interrogé le suspect.
경찰은 용의자를 심문했다.

73 Un interrogatoire
n. m.
심문, 심문조서

La torture n'est pas incluse parmi les techniques recommandées pour un interrogatoire efficace.
고문은 효율적인 심문 방식에 포함되지 않는다.

Accidents

74	**Intervenir** v. 개입하다, 중재하다	La police intervient dans les disputes conjugales. 경찰이 부부 싸움에 개입한다.
75	**L'intervention** n. f. 개입, 중재	Grâce à l'intervention immédiate des pompiers, beaucoup de vie ont été sauvées. 소방관들의 즉각적인 개입으로 많은 생명을 구했다.
76	**Condamner** v. 유죄판결을 내리다, 형을 선고하다	Il a été condamné à 10 ans de prison. 그는 징역 10 년형을 선고받았다. 표현 Condamner à mort 사형을 선고받다
77	**Une garde à vue** loc. n. (유치장에서) 구류	La garde à vue durera la journée. 하루간 구류될 것이다.
78	**Emprisonner** v. 수감하다	Sous le régime autoritaire, on emprisonne beaucoup de gens innocents. 강권통치 하에 많은 무고한 사람들이 감옥에 투옥됐다.
79	**Incarcérer** v. 투옥하다, 구치하다	Il a été incarcéré la nuit dernière. 그는 어젯밤에 투옥됐다.
80	**Une assistance** n. f. 도움, 지원	J'ai demandé de l'assistance. 나는 도움을 요청했다.
81	**Un agresseur** n. m. 가해자	L'agresseur a été accusé de viol. 가해자는 강간으로 기소당했다.

사건 사고

| 82 | **Être accusé(e) de qqc**
v.
~로 고발당하다,
~ 혐의를 받다 | L'ancien président est accusé de corruption.
전 대통령이 부패 혐의를 받고 있다. |

| 83 | **Une victime**
n. f.
피해자 | La victime souhaite porter plainte.
피해자는 고소하기를 원한다. |

| 84 | **Un témoin**
n. m.
증인 | L'enfant était non seulement le témoin de la violence du père à l'encontre de la mère mais subissait lui-même la violence.
아이는 아버지가 어머니에게 가한 폭력의 목격자였을 뿐 아니라 그 자신도 폭력을 견뎌야 했다. |

| 85 | **Un procès**
n. m.
재판, 소송 | Le procès aura lieu dans 3 mois.
소송은 3 개월 후 열릴 것이다. |

| 86 | **Un procès-verbal**
n. m.
조서, 수사보고서 | Pendant que j'étais en vacances ma maison s'est faite cambrioler, je suis donc allé au commissariat pour faire rédiger un procès-verbal.
휴가를 간 동안 집이 강도를 당해서, 나는 조서를 쓰기 위해 경찰서에 갔다. |

| 87 | **Secourir**
v.
돕다, 구조하다 | Nos voisins ont secouru un jeune garçon.
우리 이웃들이 소년 한 명을 구출했다. |

| 88 | **Les secours**
n. m. pl.
도움, 구조, 원조, 처치 | L'opération humanitaire a donné les premiers secours aux blessés.
인명 구호대가 부상자들에게 응급 처치를 했다. |

Accidents

89	**Sauver** v. 구하다, 구출하다	Les pompiers ont sauvé mon chat. 소방관들이 내 고양이를 구해줬다.
90	**Un indice** n. m. 단서, 실마리	Nous n'avons pas trouvé d'indice sur le lieu du crime. 범죄 현장에서 단서를 찾지 못했다.
91	**Un revolver** **Un pistolet** n. m. 권총	Un revolver a été découvert dans la poche du suspect. 용의자의 주머니에서 권총이 발견되었다.
92	**Un gaz lacrymogène** loc. n. m. 최루탄	Les gaz lacrymogènes sont souvent utilisés pour disperser les foules en provoquant une irritation des yeux et des voies respiratoires. 군중을 해산하기 위해 눈과 호흡기를 자극하는 최루탄이 왕왕 사용된다.
93	**Un équipement de protection** loc. n. m. 보호 장비	Les forces de l'ordre peuvent porter des équipements de protection individuelle, tels que des casques, des boucliers, et des protections corporelles pour se protéger des objets lancés et des éventuelles violences. 경찰력은 사람들이 던지는 물건이나 잠재적 폭력에 대비해 헬맷, 방패, 신체 보호 장비 등 개인 보호 장비를 착용할 수 있다.

Les types d'accidents

사고 유형

94	**Un accident** n. m. 사고	Il y a eu un accident sur l'autoroute. 고속도로에서 사고가 있었다.
95	**Un incident** n. m. 사소한 사건, 지장, 애로	Suite à un incident technique, le métro s'est arrêté pendant une dizaine de minutes. 고장으로 인해 지하철이 10 분간 멈춰 섰다.
96	**Un drame** n. m. 비극, 비극적인 사건	Un jeune a tiré sur les enfants d'une école primaire. Le drame a eu lieu dans le centre-ville. 젊은 남성이 초등학교 아이들에게 총기를 난사했다. 사건은 도심에서 일어났다.
97	**Dramatique** adj. 비극적인	Les événements sont dramatiques : qui aurait pu imaginer qu'un parent puisse faire du mal à ses propres enfants. 그 사건은 비극적이다. 누가 부모가 아이들에게 해를 가할 것이라 상상이나 했겠는가?

Accidents

98 — **Une catastrophe**
n. f.
재앙, 참사

Perdre ses enfants de manière aussi brutale surtout dans une catastrophe comme celle-ci ne peut être qu'insurmontable.
그토록 갑작스럽게 아이를 잃는 것은 재앙과 다름없으며, 극복하기 어려운 일일 수밖에 없다.

99 — **Un désastre**
n. m.
재앙, 참사

Le tremblement de terre a détruit tout une partie de la ville. C'est un désastre sans nom pour tous les habitants.
지진으로 인해 도시 일부가 훼손되었다. 모든 주민들에게 말로 할 수 없는 대재앙이다.

100 — **Un sinistre**
n. m.
천재, 재해

L'assurance couvre les sinistres matériels causés par l'accident.
보험사는 사고로 발생한 물질적 재해를 보상한다.

101 — **Un dommage**
n. m.
피해, 손해, 훼손

L'accident de voiture a causé des dommages importants à la carrosserie.
차량 사고로 차체가 심각하게 훼손되었다.

동의어 Un dégât 피해, 손해

102 — **Endommager**
v.
피해를 주다

L'inondation a endommagé les infrastructures et les cultures dans la région.
홍수는 지역의 인프라와 작물에 피해를 주었다.

103 — **Désastreux(se)**
adj.
재앙의, 처참한

La tempête a été désastreuse et toutes les lignes électriques ont été coupées par les rafales de vent.
폭풍은 처참했고 전선이 강풍에 모두 끊기고 말았다.

동의어 Catastrophique 대재앙의, 끔찍한

유의어 Affreux, Effroyable, Terrble 끔찍한

104	**Une tragédie**　n. f.　비극, 비극적인 사건	L'émeute a tourné en tragédie quand de nombreuses personnes se sont retrouvées piétinées dans un mouvement de foule.　많은 사람들이 군중의 움직임에 휩쓸려 발을 헛디디면서 폭동이 비극으로 변하고 말았다.
105	**Tragique**　adj.　비극적인	En écoutant le podcast sur les meurtres commis par Michel Fournier, on ne voit que le tragique de la situation des victimes.　미셸 푸르니에가 저지른 살인을 다루는 팟캐스트를 듣다 보면 희생자들이 겪는 비극적인 상황을 알 수 있다.
106	**D'origine humaine**　loc. adv.　인간에 의한	Les incendies de forêt sont souvent d'origine humaine.　산불은 보통 인간에 의해 일어난다.
107	**Grave**　adj.　심각한	Six personnes avec des blessures graves ont été transportées à l'hôpital.　여섯 명의 중상자가 병원에 실려갔다.
108	**Une évacuation**　n. f.　대피	Une évacuation d'urgence a été ordonnée en raison du risque d'un tremblement de terre.　지진의 위험으로 긴급 대피령이 내려졌다.
109	**Un sauvetage**　n. m.　구출	Les chiens de sauvetage sont formés pour retrouver les personnes disparues lors de catastrophes naturelles.　구조견들은 자연재해 시 실종자들을 찾도록 교육받았다.
110	**Sain et sauf**　**Saine et sauve**　loc. adj.　무사한, 생명에 지장이 없는	Par miracle, les habitants de l'immeuble touchés par l'incendie ont été retrouvés sains et saufs.　화재를 입은 건물의 주민들이 기적처럼 무사히 발견되었다.

Accidents

111	**Prendre feu** loc. v. 불이 붙다, 발화하다	L'immeuble a pris feu à cause d'une fuite de gaz. Il aurait tout aussi bien pu exploser. 가스 유출로 건물에서 화재가 났다. 하마터면 건물이 폭발할 뻔했다.
112	**Une flamme** n. f. 불길, 화염	Les flammes montent jusqu'au 3ème étage ! 불길이 3 층까지 치솟았다.
113	**S'enflammer** v. 불붙다, 타오르다	De nombreux accidents arrivent en hiver, les cheminées mal éteintes s'enflammant et avec elles, le reste de la maison. 겨울이면 많은 사고가 발생하는데, 불을 제대로 끄지 않은 벽난로에서 불이 나 집이 화재에 휩싸이고는 한다.
114	**Brûler** v. 타다, 불태우다, 연소하다	Le bâtiment a complètement brûlé. 건물이 전소됐다.
115	**Consumer / Se consumer** v. 태우다 / 타버리다	Le feu a tout consumé sur son passage. 불이 지나간 자리마다 모든 것을 다 태워버렸다.
116	**Une étincelle** n. f. 불똥; 섬광, 광채	Il reste encore des étincelles. 아직 불씨가 남았다.
117	**Une extinction** n. f. 소화, 소등; 소멸, 약화	Il faut attendre l'extinction complète de l'incendie. 불이 완전히 진압되기를 기다려야 한다.

| 118 | **Des cendres** n. f. pl. 재 ; 유골, 유해 | Il ne reste que des cendres. 잿더미가 되어버렸다. |

| 119 | **Préoccupant(e)** adj. 걱정스러운, 위급한 | Il ne donne pas de nouvelles, c'est très préoccupant. 그가 무소식이어서 걱정스럽다. |

| 120 | **Imprévu(e)** adj. 예측하지 못한, 뜻밖의 | Les accidents imprévus de la vie lui donnent aussi du piment. 뜻밖의 사건 사고가 인생에 양념을 더하기도 한다. 동의어 Inattendu(e) 예기치 못한, 뜻밖의 |

9

Économie
경제

Analyser des chiffres
수치 분석하기

1	**Être de (숫자)** v. (측정, 수치) ~이다	Le nombre de chômeurs est de 4 millions. 실업자 수는 4 백만 명이다.
2	**Représenter** v. (측정, 수치가) ~이다, -로 나타나다	Le produit intérieur brut représente les gains d'un État. GDP 는 국가의 소득을 나타낸다. 표현 Ces chiffres représentent… 　　이 숫자들은 ~을 보여준다
3	**S'élever à (숫자)** v. ~에 이르다, 다다르다	Le chômage s'élève à 10% de la population active. 실업자 수가 경제 활동 인구 10%에 달한다.
4	**Être évalué à (숫자)** v. ~로 산정되다	Le coût total du projet a été évalué à 2 millions d'euros par les experts financiers. 금융 전문가들에 따르면 총 사업 비용은 2 백만 유로로 산정되었다.
5	**Être estimé à (숫자)** v. ~로 산정되다, 추산되다	L'ensemble des dommages est estimé à plus de cent millions de wons. 총 피해액이 1 억원 이상으로 추정된다.

Économie

6	**Une statistique** n. f. 통계, 통계표	Selon les statistiques de l'INSEE, l'inflation augmente cette année encore de 4,2 %. 프랑스통계청의 통계에 따르면 물가 상승률은 또다시 4.2 %나 오를 것이다.
7	**Un baromètre** n. m. 척도, 지표 ; 기압계	Le baromètre précédent avait montré un doublement de la population. 이전 지표에서는 인구가 두 배 증가한 것을 볼 수 있었다.
8	**Une étude** n. f. 연구	L'étude montre que, contrairement aux idées reçues, les jeunes s'intéressent beaucoup à l'actualité. 연구는 통념과는 반대로 젊은이들이 뉴스에 관심이 많다는 것을 보여준다. Dès que les informations ne semblent pas claires, on peut lancer une étude de marché. 정보가 정확하지 않다고 판단되는 즉시, 시장 조사를 해볼 수 있다.
9	**Une donnée** n. f. 자료, 정보, 데이터	Ces données font apparaître que le Portugal est le pays le plus prisé par les Français ayant pris la retraite. 이 데이터는 포르투갈이 은퇴한 프랑스인들에게 가장 인기가 많은 나라라는 것을 보여준다. Après l'analyse de toutes les données récoltées, l'étude ne semble pas très conclusive. 수집한 정보를 분석한 결과, 연구는 그리 결정적이지 못하다.

경제

10	**Faire apparaître** v. 나타내다, 보여주다	Le débat fait apparaître clairement la nécessité d'augmenter l'investissement. 그 토론은 투자 확충의 필요성을 명백히 보여준다.
11	**Indiquer** v. 가리키다, 표시하다	Ces éléments indiquent une baisse du nombre d'élèves qui aiment aller à l'école. 이 내용은 학교에 가는 것을 좋아하는 학생 수가 감소하고 있음을 보여준다.
12	**Montrer** v. 보여주다, 제시하다	L'étude montre que les participants sont de plus en plus actifs après un accident comme pour rattraper le temps perdu. 연구는 응답자들이 사고가 일어난 후에는 놓친 시간을 따라잡기 위해 더 열심히 일한다는 사실을 보여준다.
13	**L'ensemble (de qqc)** loc. n. m. 전체, 전부, (전반적인 …)	Dans l'ensemble, les enfants pensent que leurs parents sont insupportables en grandissant. 전반적으로, 아이들은 클수록 부모님들이 성가시다고 생각한다. L'ensemble des employés semble d'accord avec cette mesure. 모든 직원이 조치에 동의한다.
14	**Une moitié** n. f. 반, 절반	Près de la moitié des Français pensent que les médias véhiculent souvent des fake news. 프랑스인들 중 거의 절반은 미디어가 종종 가짜뉴스를 전달한다고 생각한다. Le professeur a beau s'adresser à tous ses élèves, seule la moitié l'écoute. 교사는 모든 학생들에게 이야기하지만, 그 중 절반만 듣고 있다.

프랑스어 중급 어휘

Économie

15	**Un tiers** n. m. 3 분의 1; 제 3 자	Les deux tiers d'entre elles ont vécu à l'étranger. 그녀들 중 2/3 는 외국에서 살았었다.
16	**Un quart** n. m. 4 분의 1	Les trois quarts d'entre eux possèdent une voiture. 그들 중 3/4 은 자동차를 소유하고 있다.
17	**Un cinquième** n. m. 5 분의 1	Un cinquième des Français prend régulièrement le train. 프랑스인 중 1/5 이 정기적으로 기차를 탄다.
18	**Une fraction** n. f. (수학) 분수, 부분	Une fraction des dépenses est réservée à cette utilisation. 지출의 일부가 이 용도로 쓰인다. 동의어 Une partie 부분
19	**Un écart** n. m. 차이, 간격	L'écart entre le chiffre officiel et le nombre réel est important. 공식적인 숫자와 실제 숫자 사이에 편차가 크다. 동의어 Un fossé 편차, 격차
20	**Un taux** n. m. 백분율, 비율	Le taux de natalité diminue rapidement dans notre pays. 우리나라 출생율은 급격히 감소한다.
21	**Une proportion** n. f. 비율, 비례	Une proportion de 5 à 1. 5:1 의 비율

경제

22	**Un grand nombre** loc. n. m. 다수	Un grand nombre de Marseillais estiment que Paris est une ville pluvieuse où vivent des gens tristes et stressés. 마르세유 사람의 다수가 파리는 비가 많이 오고 슬프고 스트레스 받은 사람들이 사는 도시라고 생각한다.
23	**Un total** n. m. 전체, 총계, 총액	Il y a un total de 10 pays signataires. 총 10 개국이 서명했다.
24	**Une part** n. f. 몫, 할당분, 부분	Une part de la population est touchée. 인구 일부가 영향을 받았다.
25	**Une moyenne** n. f. 평균	Mon salaire est plus bas que la moyenne des employés de cette entreprise. 나의 임금은 이 회사의 직원 평균보다 낮다.
26	**Une somme** n. f. 합계, 총계, 금액	Cela représente une somme énorme ! 이건 엄청난 액수다 !
27	**Légèrement** adv. 경미하게, 약간, 조금	Les chiffres d'affaires sont légèrement meilleurs cette année. 올해 총 매상고가 살짝 올랐다.
28	**Considérablement** adv. 상당히, 매우, 엄청나게	Les mesures de licenciement ont considérablement aidé l'entreprise à sortir la tête de l'eau. 기업이 살아남는 데 해고 조치가 상당한 도움이 되었다. 유의어 Dramatiquement 극적으로 　　　 Significativement 현저히

Économie

29	**Rapidement** adv. 빠르게	Nous espérons rapidement des résultats et des réponses de nos partenaires commerciaux. 사업 파트너들로부터 성과와 답변을 빨리 받았으면 한다.
30	**Progressivement** adv. 점진적으로	Le prix de l'essence a augmenté progressivement et continuera ainsi tant que la guerre en Ukraine ne sera pas terminée. 유가가 점진적으로 상승하고 있으며, 우크라이나 전쟁이 끝날 때까지 계속될 것이다.
31	**Constamment** adv. 지속적으로	Les chiffres nous mettent constamment face à la réalité alors que nous aimerions croire autrement. 믿지 않고 싶지만, 수치가 계속해서 현실을 직시하게 만든다.
32	**Approximativement** adv. 어림잡아, 대략, 거의	Approximativement la moitié d'entre elles ont un diplôme de licence. 그녀들 중 대략 절반이 대학을 졸업했다. 유의어 À peu près 대략
33	**Près de** adv. 거의, 약	Il y a près de 8 milliards de personnes dans le monde. 지구상에 약 80 억 인구가 있다.
34	**Presque** adv. 거의, 대부분	Cela fait presque 5 ans que j'attends ce moment. 이 순간을 거의 5 년 전부터 기다렸다.
35	**Environ** adv. 대략, 약	Il y a environ 2% de Français qui annoncent donner de l'argent à des associations. 프랑스인의 2% 정도가 단체에 기부를 한다고 밝혔다.

L'évolution
변화

36 Stagner
v.
머무르다

La stagnation
n. f.
침체, 정체

Le niveau des élèves en français semble stagner autour du B1 et le passage en B2 est difficile.
학생들의 프랑스어 실력이 B1 수준에 그쳐 있고, B2 로 진급하는 것이 어렵다.

표현 Stagner à / autour de ... -에 그쳐 있다

37 Se stabiliser
v.
안정화되다

Les chiffres du nombre de chômeurs se stabilisent en cette fin d'année.
연말 들어 실업자 수가 안정되고 있다.

38 Stable
adj.
안정된

Les banques européennes comptent sur une monnaie stable et un système bancaire solide.
유럽은행들은 안정화된 통화와 변함없는 은행체제를 기대하고 있다.

유의어 Solide 변함없는

반의어 Instable 불안정한

Économie

39	**L'équilibre** n. m. 밸런스, 균형, 안정	L'équilibre budgétaire signifie le strict équilibre entre les recettes et les dépenses. 예산의 균형은 수입과 지출 사이의 엄밀한 균형을 말한다. 표현 En équilibre 균형잡힌, 안정된 반의어 Le déséquilibre 불균형
40	**Équilibrer** v. 안정시키다, 균형을 맞추다	Comment équilibrer votre budget personnel ? 어떻게 당신의 개인 예산을 안정시킬 수 있을까요?
41	**Une courbe** n. f. 곡선, 그래프	Une courbe régulière 규칙적인 곡선 그래프 Une courbe en dents de scie / irrégulière 불규칙적인 곡선 그래프
42	**Évoluer** v. 변화하다, 진전되다	Les chiffres évoluent de façon encourageante. 숫자가 고무적으로 변하고 있다.
43	**Passer de A à B** v. A 에서 B 로 변하다	Nous sommes passés de 10 à 20 degrés en une seule journée. 하루만에 기온이 10 에서 20 단계로 올랐다.
44	**Par rapport à** adv. ~에 비하여	Le coût de la vie a augmenté par rapport à l'année dernière, c'est une évolution exponentielle. 작년에 비해 물가는 엄청나게 올랐다.
45	**Contre** adv. ~에 비하여	Ils sont 27%, contre 13% en 2012. 2012 년에 13%였다면, 지금은 27%다.

L'augmentation
증가

46	**Majoritaire** adj. 다수의, 대부분의	Dans le parking, la place de la voiture est majoritaire, celle du vélo minoritaire. 주차장의 대부분이 차량 공간이고, 자전거 공간은 소수다.
47	**La majorité de** **La plupart de** loc. n. m. ~의 다수	La majorité des salariés n'arrive pas à penser seulement du bien de leur employeur. 대부분의 회사원은 고용주에 대해 긍정적으로 생각하기를 어려워 한다. * La plupart de – 뒤에 오는 동사는 복수형태
48	**Augmenter** v. 증가하다	La population ne cesse d'augmenter. 인구가 계속해서 증가한다.
49	**Une augmentation** n. f. 증가, 상승	Une augmentation des prix du carburant a été constatée ce mois-ci. 이번 달 연료 가격이 상승한 것으로 보인다.

Économie

50	**Se multiplier** v. 늘어나다	Les technologies de communication se multiplient rapidement dans notre société moderne. 현대 사회에서 소통 기술은 빠르게 늘어나고 있다.
51	**Multiplier** v. 곱하다 ; 늘리다, 증가시키다	Nous multiplions nos activités dans de nombreux secteurs. 우리는 많은 분야에서 활동을 늘리고 있다.
52	**Croître** v. 성장하다, 증가하다, 커지다	Les entreprises technologiques ont tendance à croître rapidement. 테크기업들은 성장이 빠른 편이다.
53	**S'accroître** v. 증가하다	La population s'est accrue de deux millions de personnes. 인구가 200 만 명 증가했다.
54	**Une croissance** n. f. 성장, 증가, 상승	Le pays a enregistré une croissance économique remarquable cette année. 올해 그 나라는 괄목할 만한 경제 성장을 이루었다.
55	**Progresser** v. 확대되다, 늘다	Le virus continue de progresser à travers le monde. 전 세계에 걸쳐 바이러스가 확산 중이다.
56	**Être un record / Battre le record** loc. v. 최고치이다 / 최고치를 경신하다	Cet été, aux quatre coins du monde, les températures ont battu des records. 이번 여름, 전 세계에서 기온이 최고치를 경신했다.

경제

57	**S'accélérer** v. 빨라지다, 강해지다 **Une accélération** n. f. 가속	Le rythme de travail s'accélère toujours autour des derniers mois de l'année. 연말 몇 달 사이 업무 리듬이 계속해서 빨라지고 있다.
58	**Une amélioration** n. m. 개선	On peut percevoir des améliorations entre le processus de création et de production des bijoux de notre entreprise. 우리 회사의 쥬얼리 디자인과 생산 과정에서 많은 개선이 이루어진 것을 볼 수 있다.
59	**Hausser** **Connaître une hausse** v. 높이다, 인상시키다, 증진시키다 ; 높아지다, 인상되다	Les associations de consommateurs dénoncent les grands conglomérats alimentaires qui haussent leurs prix sans prévenir les clients. 소비자 협회는 고객에게 언질 없이 가격을 높이는 식품 대기업을 비판한다. Après une pluie diluvienne, le niveau de la rivière a haussé. 강우가 내린 뒤, 강의 수위가 높아졌다.
60	**Une hausse** n. f. 상승, 증진, 인상	Le pays connaît une hausse du nombre de personnes sous le seuil de pauvreté. 많은 국가에서 빈곤선 이하로 사는 인구의 수가 상승하고 있다. 표현 Être à la hausse / en hausse 상승세이다
61	**Monter à (숫자)** v. ~까지 오르다, ~에 달하다	Les prix montent à 110 euros pour un simple timbre s'il est rare. 희귀한 우표의 가격은 110 유로에 달한다.

Économie

62	**Élever** v. 올리다, 인상하다	Les hôtels à Paris ont dû <u>élever</u> leurs tarifs à cause de l'arrivée des JO. 올림픽이 다가와서 파리에 호텔들은 요금을 인상해야만 했다.
63	**Grimper** v. 오르다, 급등하다 ; 기어오르다	Dès qu'un gros événement arrive dans une ville, tous les prix <u>grimpent</u>. 도시에 큰 행사가 다가오면, 모든 물가가 오른다.
64	**Double** adj. / n. m. 두 배의 / 두 배	Le nombre d'employés nécessaire est le <u>double</u> de l'effectif actuel. 현재 인원보다 두 배 가량 직원이 필요하다. 유사표현 Deux fois plus important 두 배 더 큰
65	**Triple** adj. / n. m. 세 배의 / 세 배	Le devis est le <u>triple</u> du prix auquel je m'attendais. 견적 가격이 내가 생각한 것의 세 배다.
66	**Doubler / Tripler / Quadrupler** v. 두 배 / 세 배 / 네 배로 늘다	Les pertes liées à l'énergie pourraient <u>quadrupler</u> dans les prochaines années sans mesures adéquates. 적절한 조치를 취하지 않을 경우, 에너지로 인한 사망 수는 네 배까지 늘어날 수 있다.
67	**Gagner du terrain** loc. v. 인기가 많아지다, 퍼지다	La mode de la tecktonik <u>gagnait beaucoup de terrain</u> sur le rap ou le hip hop dans les années 2000 internationalement. 테크토닉의 유행은 세계적으로 2000년대 랩과 힙합신을 통해 퍼져갔다.

경제

68 **Flamber**
v.
치솟다, 급등하다

Les prix flambent de plus en plus en ce moment mais les salaires ne suivent pas.
최근 나날이 치솟고 있는 물가를 임금이 따라잡지 못하고 있다.

69 **Une flambée**
n. f.
급등

La flambée des prix des jouets impressionne toujours à la période de Noël.
크리스마스 시즌에는 장난감 가격이 엄청나게 상승한다.

70 **Un pic**
n. m.
피크

Le pic d'activité grippale se situe généralement en hiver, durant les mois de février et mars.
유행성 감기 피크는 보통 2월과 3월 사이 겨울이다.

Économie

La diminution
감소

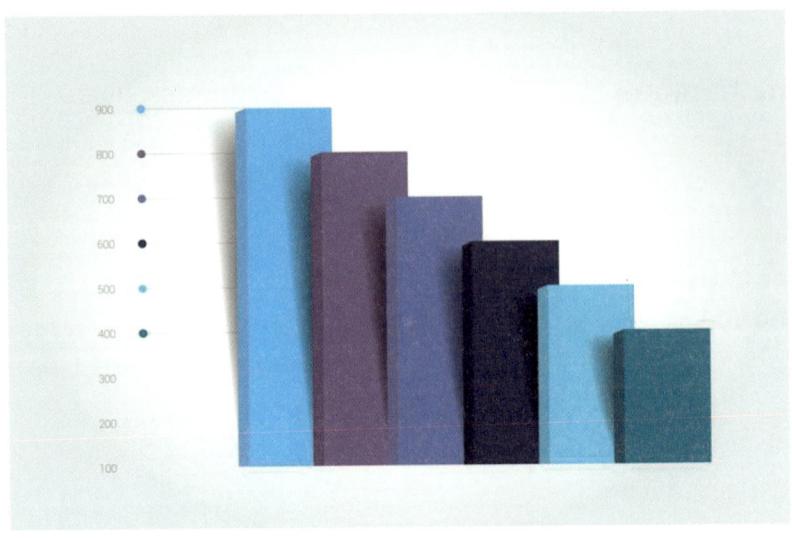

71	**Minime** adj. 극히 적은, 사소한	Une baisse minime ne devrait pas impacter notre développement. 소폭 하락은 우리의 성장에 영향을 주지 않을 것이다.
72	**Minoritaire** adj. 소수의	On ne tient pas compte de l'opinion minoritaire. 사람들은 소수의 의견을 고려하지 않는다.
73	**Une minorité** n. f. 소수	Une minorité de travailleurs bénéficie de tels droits. 근로자들 중 소수만이 이러한 권리를 누린다.
74	**Négligeable** adj. 무시해도 좋은, 하찮은	L'évolution de ces chiffres est négligeable. 이 숫자의 변화는 미미하다. Cette promotion est un gain non-négligeable de salaire ! 이번 승진으로 월급이 상당히 인상되었다!

75	**Inférieur(e) à** adj. ~보다 적은, 낮은	La température est inférieure à la moyenne. 평년 기온보다 낮다.
76	**Faible** adj. 작은, 적은, 미미한	Une faible augmentation des natalités serait tout de même encourageante. 출생률이 조금이라도 상승하면 그래도 고무적일 것이다.
77	**Baisser** v. 낮아지다, 떨어지다	La demande croissante pour les énergies renouvelables a contribué à faire baisser les coûts de production des panneaux solaires. 재생 에너지 수요가 지속적으로 증가하면서 태양광판 생산 가격이 떨어졌다.
78	**Une baisse** n. f. 감소	On s'attend à une baisse des prix des engrais, réduisant ainsi les coûts de production dans certains pays exportateurs. 몇 몇 수출국에서는 사료값이 낮아져 생산비가 떨어지길 기대하고 있다. 표현 Être à la baisse / en baisse 하향세이다
79	**Diminuer** v. 낮아지다, 떨어지다, 줄이다	Les ventes de la société ont diminué au cours de l'année écoulée. 이 회사의 판매는 지난해 동안 줄었다.
80	**Une diminution** n. f. 감소	Malheureusement, une diminution significative des ventes a été enregistrée ce trimestre. 안타깝게도 이번 분기 판매량이 크게 떨어졌다.

경제

Économie

81	**Décroître** v. 낮아지다, 떨어지다	La hausse des températures a fait décroître la consommation d'électricité dans la région. 기온이 올라감에 따라 지방의 전기 소비량이 떨어졌다.
82	**Une décroissance** n. f. 감소	La décroissance démographique dans les zones rurales constitue un problème majeur. 농촌의 인구 감소는 매우 중대한 문제이다.
83	**Chuter** v. 급감하다, 폭락하다	Les températures ont chuté depuis quelques jours. 기온이 급격히 떨어졌다.
84	**Une chute** n. f. 급감	Une chute brutale du marché boursier a provoqué des inquiétudes parmi les investisseurs. 주식 시장의 급감으로 인해 투자자들이 걱정한다.
85	**Un effondrement** n. m. 붕괴	L'effondrement des prix de l'immobilier a offert aux acheteurs potentiels une opportunité unique. 주택 시장 가격 붕괴로 잠재적 구매자들이 절호의 기회를 맞았다.
86	**Dégringoler** v. 추락하다, 폭락하다	Le marché de l'immobilier a dégringolé en raison de l'incertitude économique. 경제 불확실성으로 인해 주택 시장이 추락했다.
87	**Se dévaloriser** v. 가치가 떨어지다	La monnaie nationale a commencé à se dévaloriser. 국가 통화의 가치가 떨어지기 시작했다. 동의어 Se déprécier 가치가 떨어지다

경제

88	**Décliner** v. 떨어지다, 줄어들다	Les résultats académiques peuvent décliner en raison de divers facteurs, notamment le manque de motivation. 학업 성과는 다양한 요인으로 인해 떨어질 수 있는데, 그 중에서 동기 결여가 있다. 유의어 S'affaiblir 약화되다, 줄어들다
89	**Un déclin** n. m. 쇠퇴, 약화, 하락	Le gouvernement prévoit un déclin de la croissance économique. 정부는 경제성장 하락을 예상하고 있다. 유의어 L'affaiblissement (n. m.) 쇠약, 약화, 감소
90	**Se détériorer** v. 악화되다	La santé mentale peut se détériorer en période de stress prolongé et de pression constante. 정신 건강은 스트레스를 받는 기간이 길어지거나 압박이 지속될 때 악화될 수 있다.
91	**Réduire** v. 줄이다, 내리다	Une meilleure isolation réduit les frais de chauffage. 단열을 잘하면, 난방비가 준다. 동의어 Diminuer 줄이다
92	**Une réduction** n. f. 단축, 축소	Cela représente une réduction de près de 50 % du délai de traitement. 이것은 처리기간의 50% 단축을 나타낸다.
93	**Tomber** v. 떨어지다	Cette nouvelle méthode de production fait tomber dramatiquement le prix. 이 새로운 생산 방법이 가격을 극적으로 떨어뜨렸다.

Économie

94 **Ralentir**

v.
느리게 하다

Un ralentissement

n. f.
저속 가동

Il peut donc être considéré que les mesures ont atteint un de leurs objectifs, à savoir ralentir la détérioration de la part de marché.
이 조치들이 그들의 목적을 이룬 것 같아 보인다. 즉, 시장점유율 저하가 느려지고 있다.

Le ralentissement de la production a mené à une pénurie sur le marché.
저속 생산이 시장에 부족현상을 가져왔다.

Les entreprises et les affaires

회사와 비즈니스

95	**Monter / Créer une entreprise** loc. v. 회사를 세우다 / 만들다	Au bout de 10 ans d'expériences dans le domaine, il a monté sa propre entreprise. 이 분야에서 10년간의 경력을 쌓은 후, 그는 자신의 회사를 세웠다.
96	**Une société** n. f. 회사	La société a lancé une nouvelle gamme de produits. 그 회사는 새로운 상품 라인을 런칭했다. 동의어 Une firme, Une entreprise 회사
97	**Une PME (Une Petite Moyenne Entreprise)** loc. n. f. 중소기업	Cette organisation aide les acteurs locaux et nationaux à libérer le potentiel des PME. 이 기관은 지역 및 국가 관계자들이 중소기업의 잠재력을 자유롭게 할 수 있도록 도와준다.
98	**Une grande entreprise** loc. n. m. 대기업	Les grandes entreprises représentent la grande majorité du marché en Corée. 한국에서는 대기업이 시장의 대부분을 차지한다.

Économie

99	**Privatiser** v. 민영화하다 **Une privatisation** n. f. 민영화	Beaucoup d'entreprises qui étaient publiques, peuvent être privatisées sous un régime plus capitaliste. 많은 공기업들이 좀 더 자본주의적인 체제에서는 민영화될 수 있다. Des tâches officielles ont été confiées aux parties impliquées dans la privatisation du secteur de l'énergie. 에너지 부분 민영화와 관련된 당사자들에게 공식적인 업무가 요청되었다.
100	**Nationaliser** v. 국영화하다 **Une nationalisation** n. f. 국영화	Cette entreprise a été nationalisée après la crise. 이 회사는 위기 이후에 국영화 되었다. La nationalisation de l'électricité oblige l'entreprise à diversifier ses activités. 전력의 국영화는 전력회사가 사업분야를 다양화하게 만든다.
101	**Multinational(e)** adj. 다국적의	Samsung est devenu un groupe d'entreprises multinational. 삼성은 다국적그룹이 되었다.
102	**S'implanter** v. 정착하다, 자리잡다, 진출하다 **Une implantation** n. f. 진출, 설치, 도입, 정착	Cette société s'est bien implantée sur le marché. 이 회사는 시장에 잘 자리잡았다. Certains établissements possèdent plusieurs implantations dans un même État membre. 몇 몇 기관은 같은 회원국에 여러 개 진출해 있다.

103	**Fusionner** v. 합병하다 **Une fusion** n. f. 합병	Ces deux entreprises se préparent à fusionner afin d'être plus compétitives. 더 경쟁력 있기 위해, 이 두 회사는 합병 준비를 한다. Après la fusion de leurs deux entreprises, les affaires fonctionnent bien mieux. 그들 두 회사가 합병된 후, 사업이 더 잘 돌아간다.
104	**Reprendre / racheter une entreprise** loc. v. 회사를 인수하다	Son ami a racheté son entreprise, car il est devenu interdit bancaire. 그가 신용불량자가 되었기 때문에, 그의 친구는 그의 회사를 인수했다.
105	**Investir dans qqc** loc. v. ~에 투자하다	Elle a investi une fortune dans cette affaire. 그녀는 이 사업에 막대한 돈을 투자했다.
106	**Un investissement** n. m. 대기업	Un des investissements sûrs, ces dernières années, est l'immobilier. 최근 몇 년간 확실한 투자 중 하나는 부동산이다.
107	**Les affaires** n. f. pl. 사업	Grâce au lancement de ces produits innovants, les affaires marchent très bien. 이 혁신적인 제품의 출시 덕에 내 사업은 아주 잘 돌아간다. Un homme d'affaires 사업가

Économie

108	**Le siège social** loc. n. m. 본사	Le siège social de cette entreprise est à Séoul, mais le premier bureau créé était dans une petite ville dans la campagne. 이 회사의 본사는 서울에 있지만, 원래는 시골의 작은 도시에서 시작되었다.
109	**Une succursale** n. f. 지사, 지점 **Une filiale** n. f. 계열사	Une entreprise multinationale a souvent plusieurs succursales ou filiales. 다국적 기업은 대게 여러 개의 지사와 계열사를 가지고 있다.
110	**Un entrepreneur** n. m. 기업가	Bill Gates est un des entrepreneurs les plus prospères au monde. 빌 게이츠는 세계에서 가장 번창한 기업가 중 하나다. Un auto-entrepreneur 일인회사, 개인사업자
111	**La gestion** n. f. 경영	Il a fait ses études dans une grande école de gestion. 그는 경영 그랑제꼴에서 공부했다. 동의어 Le management 경영
112	**Gérer** v. 경영하다, 관리하다	Je ne sais pas comment il arrive à gérer toutes ces affaires. 나는 그가 어떻게 이 많은 일을 관리하는지 모르겠다.
113	**Diriger** v. 경영하다, 운영하다	Un chef d'entreprise est le représentant d'une entreprise. Il dirige l'entreprise. 기업의 총수는 한 회사의 대표자이다. 기업총수는 회사를 운영한다.

114	**Le commerce** n. m. 상업, 무역	Le commerce international est en vogue auprès des petites entreprises. 국제무역은 소기업들 사이에서 유행이다.
115	**Un président directeur général (PDG)** loc. n. m. CEO	Il a hérité de son père son poste de PDG. 그는 그의 아버지로부터 CEO 자리를 물려받았다.
116	**Un responsable** n. m. 책임자, 대표자	Il est responsable de la gestion et la comptabilité de cette entreprise. 그는 이 회사의 경영과 회계 책임자다.
117	**Un comptable** n. m. 회계사	Mon frère a eu récemment le titre de comptable agréé. 내 남자형제는 최근에 공인 회계사를 취득했다.
118	**La comptabilité** n. f. 회계	Les justificatifs doivent être envoyés à la comptabilité pour vérification. 증빙서류는 확인을 위해 회계부서에 보내져야 한다.
119	**Les ressources humaines (RH)** loc. n. f. pl. 인사 (HR)	L'entreprise a décidé d'investir davantage dans les ressources humaines. 회사가 인사에 크게 투자하기로 결정했다.
120	**Le service clientèle** loc. n. m. 고객관리팀	Pour retourner un produit, veuillez contacter le service clientèle. 반품을 하시려면, 고객관리팀에게 연락하세요.

Économie

121	**Le service après-vente (SAV)** loc. n. m. A/S 서비스	Si vous vous adressez au service après-vente pour signaler un dysfonctionnement, veuillez nous indiquer le type de la machine et son numéro. A/S 서비스센터에 오작동을 접수하시려면, 기계 타입과 번호를 알려주세요.
122	**Un marché** n. m. 시장	Leurs produits se vendent bien dans le marché international. 그들의 상품은 국제시장에서 잘 팔린다.
123	**Budgétiser** v. 예산을 잡다 **Un budget** n. m. 예산	Toutes les entreprises doivent budgétiser leurs coûts et dépenses pour ne pas faire des pertes trop importantes. 모든 회사는 큰 손해를 보지 않기 위해 비용과 지출 예산을 잡아야 한다. Il faut veiller à respecter le budget déterminé en début d'année. 연초에 결정된 예산을 준수하도록 신경 써야 한다.
124	**Une concurrence** n. f. 경쟁	La concurrence déloyale est illégale en France et donc très réglementée. 프랑스에서 부정경쟁은 불법이기에 매우 통제된다. 동의어 Une compétition 경쟁
125	**Un concurrent** n. m. 경쟁자	LG est un concurrent de Samsung. LG 는 삼성의 경쟁자이다.

경제

126	**Importer** v. 수입하다	Notre entreprise importe des meubles d'Italie. 우리 회사는 이탈리아 가구를 수입한다.
	Une importation n. f. 수입	Les pays trop petits avec une grande population sont obligés d'avoir recours à l'importation notamment pour les denrées alimentaires. 인구가 많고 작은 나라들은 수입이란 수단을 동원해야만 하는데, 특히 식료품이 그렇다.
127	**Exporter** v. 수출하다	Mon entreprise exporte beaucoup de ses produits à l'étranger. 내 회사는 많은 제품을 외국으로 수출한다.
	L'exportation n. f. 수출	Notre objectif consiste à poursuivre la croissance de nos activités domestiques et de nos activités d'exportation. 우리의 목표는 국내사업 확장과 수출 확대이다.
128	**L'import-export** n. m. 수출입	Je travaille dans l'import-export et mon entreprise se concentre sur les produits électroniques. 나는 수출입 분야에서 일을 하고, 내 회사는 전자제품에 중점을 둔다.
129	**Le chiffre d'affaires** loc. n. m. 매출	À la fin de chaque année, les entreprises calculent leur chiffre d'affaires. 매년 말, 회사들은 매출을 산출한다.

Économie

130 — Un bilan
n. m.
결산, 대차대조표

Les entreprises doivent parfois se résigner à déposer le bilan quand la situation n'a plus de solutions.
상황에 대한 더 이상의 해결책이 없을 때, 회사들은 때때로 파산신청 하는 것을 감수해야만 한다.

표현 Déposer le bilan 파산신청 하다.

131 — Un bénéfice / Un gain / Un profit
n. m.
이익

Le bénéfice d'une entreprise se fait sur la différence entre les gains et les dépenses qu'elle fait.
한 회사의 이익은 회사가 만든 수입과 지출의 차이이다.

132 — Bénéficiaire
adj. / n.
흑자의 ; 혜택을 받는 / 수익자

La personne bénéficiaire et sa conjointe ou son conjoint à charge sont tous deux responsables du remboursement du paiement excédentaire.
수혜자와 그 또는 그녀의 부양 배우자는 초과 지급액에 대한 환급 책임이 있다.

동의어 Excédentaire 흑자의

133 — Un déficit
n. m.
적자, 결손

Le déficit budgétaire de la France s'agrandit chaque année.
프랑스의 예산 적자는 해가 갈수록 커지고 있다.

동의어 Une perte 적자

134 — Déficitaire
adj.
적자의

Tous les pays sont déficitaires surtout lors de grosses crises économiques.
모든 국가는 특히 큰 경제위기 동안 적자 상태이다.

경제

135	**Rentable** adj. 수익성 있는	Avant de se lancer dans un projet, il faut d'abord calculer s'il sera rentable. 프로젝트를 런칭하기 전에, 먼저 수익성이 있는지 계산해야 한다. 유의어 lucratif(ve) 이익이 있는
136	**La rentabilité** n. f. 수익성	La rentabilité a augmenté grâce au bon contrôle des coûts. 비용 관리를 잘해서 수익성이 높아졌다.
137	**Un revenu** n. m. 소득, 수입, 수익	Cette évolution a probablement été favorisée par une augmentation des revenus réels des ménages. 이러한 발전은 아마도 실제 가계소득 증가덕에 유리하게 작용했을 것이다. 동의어 Les rentrées 수입
138	**Une dépense** n. m. 지출, 비용	Dans de nombreux pays, il me semble possible d'améliorer l'état de santé de la population sans accroître les dépenses. 많은 국가에서 지출을 늘리지 않은 채로 국민의 건강상태를 개선하는 것이 가능한 것 같다. 동의어 Les sorties 지출
139	**Des frais** n. m. pl. 지출, 비용	Les frais sont trop élevés, et nous sommes dans l'impossibilité de payer le loyer et les charges. 비용이 너무 올라서, 우리는 임대료와 공과금을 낼 수 없는 상태이다. 유의어 Un coût 비용, Une dépense 지출

Économie

140 **Prospérer**
v.
번영하다, 번성하다

La société a prospéré grâce à l'excellente qualité de ses produits.
그 회사는 제품의 우수한 품질 덕분에 번창했다.

Prospère
adj.
번영하는, 번창하는, 왕성한

Une entreprise prospère réalise des produits élevés.
번창하는 회사는 높은 수준의 상품을 만든다.

141 **La faillite**
n. f.
파산

Elle est un panier percé. Du coup, elle risque de faire faillite.
그녀는 밑빠진 독이다. 그래서 파산할 위험이 있다.

표현 Faire faillite 파산하다

142 **Ruiné(e)**
adj.
파산한, 몰락한, 무너진

Avec l'accumulation des dettes, cette entreprise a fini par être ruinée finalement.
빚이 누적되면서, 이 회사는 결국 파산하게 되었다.

143 **La balance commerciale**
loc. n. f.
무역수지

Un pays avec une balance commerciale positive peut voir sa monnaie se renforcer en conséquence.
무역수지가 플러스인 국가는 그에 따라 통화도 강세일 수 있다.

144 **Un(e) consommateur(trice)**
n.
소비자

Si un consommateur décide d'éviter de tels produits, c'est son droit.
만약 소비자가 이와 같은 제품을 피하기로 결정했다면, 그것은 소비자의 권리이다.

145 **La consommation**
n. f.
소비

À cause de la hausse des prix, on constate une baisse de la consommation de fruits et légumes.
물가 상승으로 과일과 채소 소비가 감소하고 있다.

146	**La faisabilité** n. f. 타당성, 실현가능성	En comité, il faudra étudier la faisabilité de cette proposition. 위원회에서는 이 제안의 타당성을 연구해야 할 것이다.
147	**Faisable** adj. 할 수 있는, 실현 가능한	Explorer d'autres planètes est techniquement faisable. 다른 행성을 탐험하는 것은 기술적으로 가능하다.
148	**Un essor** n. m. 비상, 발전	Elle affirme que l'industrie de la culture connaît un essor rapide depuis quelques années. 그녀는 문화산업이 몇 년 전부터 급격한 발전을 했다고 단언한다. 표현 Être en plein essor 약진하다
149	**Travailler à perte** loc. v. 적자영업을 하다, 손해를 보며 일하다	La philosophie actuelle des micro-entrepreneurs et des petits entrepreneurs les conduits souvent à travailler à pertes. 영세기업가와 소기업가들의 현재 철학은 종종 그들이 적자를 보면 일하게 만든다.
150	**Être dans le rouge** loc. v. (재정적으로) 어려운 상황에 있다, 적자이다	Ma famille était dans le rouge régulièrement quand j'étais jeune, maintenant je fais très attention. 우리 가족은 내가 어렸을 때 자주 어려운 상황에 처했다, 그래서 지금 나는 매우 조심한다.

Économie

Le système économique

경제 체제

151	**Les finances** n. f. pl. (흔히 복수) 재정, 재무 ; (단수)금융계	Cette stratégie a aussi pour but de contribuer à l'amélioration du dialogue social européen dans le secteur de la finance. 이 전략은 또한 금융부문에서 유럽의 사회적 대화를 개선하는 데 기여하는 것을 목표로 한다.
152	**Financer** v. 출자하다, 돈을 내다 **Le financement** n. m. 자금조달, 융자	Pour financer mes études, je vais devoir faire une demande de prêt. 내 학자금을 대기 위해, 나는 대출 신청을 해야만 한다. Je suis certain qu'il sera possible de trouver le financement nécessaire au tunnel s'il existe une volonté politique de le faire. 만약 그렇게 하고자 하는 정계의 의지가 있다면, 나는 터널 건설에 필요한 자금 조달이 가능할 것이라고 확신한다.
153	**La conjoncture économique** loc. n. f. 경제정세, 경제동향	La conjecture économique actuelle est avantageuse pour les entreprises. 현재 경제동향은 기업에 유리하다.

154	**La bourse** n. f. 주식시장, 증권거래, 주가	Pour les entreprises, entrer en bourse est synonyme de succès. 기업들에게 주식 상장은 성공과 같다.
155	**Une action** n. f. 주식	Nous sommes des actionnaires, que nous détenions des actions ou non dans des banques. 우리는 주주이며, 은행에 주식을 소유하거나 소유하지 않고 있다. 표현 Détenir des actions 주식을 소유하다
156	**Un(e) actionnaire** n. 주주	Les différents actionnaires de l'entreprise se réunissent ce samedi pour voter leur prochain PDG. 회사의 다양한 주주들이 이번 토요일 새로운 CEO를 선출하기 위해 모인다.
157	**Un produit financier** n. m. 금융상품	Les banques et les assurances proposent différents produits financiers qui sont souvent compliqués à comprendre par les clients. 은행과 보험사는 종종 고객들이 이해하기 어려운 금융상품을 제공한다.
158	**Une devise** **Des devises** n. f. 외화	Le dollar américain est la devise la plus échangée au monde. 미국 달러는 세계에서 가장 많이 거래되는 외화이다.
159	**Le taux de change** n. m. 환율	On déconseille souvent aux touristes d'échanger leur argent à l'aéroport, car le taux de change n'est pas avantageux. 공항에서는 환율이 좋지 않기 때문에, 관광객들이 공항에서 환전하는 것을 권고하지 않는다.

Économie

160 **S'échanger contre**
v.
~로 교환되다

Un euro s'échange contre moins d'un dollar.
1 유로는 1 달러 조금 안되게 환전 된다.

161 **Un intérêt**
n. m.
이자

Le taux d'intérêt n'est pas très bon cette année. J'espère que dans les années à venir cela va s'améliorer.
올해 금리가 별로 좋지 않다. 나는 앞으로 몇 년 안에 금리가 개선되기를 바란다.

162 **La valeur**
n. f.
가치 ; 유가증권, 주식, 채권

L'action de cette entreprise a pris de la valeur.
이 회사의 주식 가치가 올랐다.
Les valeurs cotées 상장주

163 **Être coté en bourse**
loc. v.
상장하다

Les grandes entreprises sont cotées en bourse.
대기업들의 주식은 상장되어 있다.

164 **L'économie de marché**
loc. n. f.
시장경제

L'économie de marché est le modèle économique opposé au communisme.
시장경제는 공산주의에 반대되는 경제모델이다.

165 **Le pouvoir d'achat**
loc. n. m.
구매력

Le pouvoir d'achat des consommateurs baisse chaque année à cause de l'inflation.
인플레이션으로 소비자들의 구매력이 매년 감소한다.

166 **Le taux de croissance**
loc. n. m.
성장률

Le niveau de vie augmente souvent avec le taux de croissance.
삶의 질은 종종 경제 성장률과 함께 오른다.

경제

| 167 | **Un fond** n. m. 기금 | Fonds monétaire international (FMI) 국제통화기금(IMF) |

| 168 | **Le PIB (Produit Intérieur Brut)** loc. n. m. 국내 총생산, GDP | Le PIB est utilisé pour mesurer la croissance économique d'un pays. GDP 는 한 국가의 경제 성장을 측정하는데 사용된다. |

| 169 | **Le PNB (Produit Net Brut)** loc. n. m. 국민 총생산, GNP | Aucun de ces pays n'alloue plus de 3% de son PNB à l'enseignement primaire. 이 나라들 중 어떤 나라도 GNP 의 3% 이상을 초등교육에 할당하지 않는다. |

| 170 | **Le secteur privé** loc. n. m. 민간부문 | J'ai quitté mon emploi de fonctionnaire pour entrer dans le secteur privé. 민간부문에 들어가기 위해 그는 공무원 직을 그만뒀다. |
| | **Le secteur public** loc. n. m. 공공부문 | La France dispose d'un secteur public développé : l'État détient une participation dans plusieurs grandes entreprises publiques comme la SNCF et l'EDF. 프랑스는 공공부문이 발달해 있다 : 국가가 SNCF(프랑스철도공사) 나 EDF(프랑스전력공사)와 같은 큰 공기업의 지분을 가지고 있다. |

| 171 | **Le niveau de vie** loc. n. m. 생활수준 | Le niveau de vie des Français est élevé comparé aux années précédentes. 프랑스 국민의 생활수준은 지난해들에 비해 향상되었다. |

| 172 | **Les prix** n. m. pl. 물가 | 표현 Stabiliser les prix 물가를 안정시키다 La hausse des prix 물가 상승 |

Économie

173 **L'inflation**
n. f.
인플레이션

Cette année sera la troisième année consécutive où nous pouvons annoncer une croissance économique et une baisse constante de l'inflation.
올해는 3년 연속으로 경제 성장과 인플레이션의 꾸준한 감소를 보고할 수 있는 해가 될 것이다.

174 **La déflation**
n. f.
디플레이션

Le Japon poursuivra ses réformes structurelles, notamment dans le secteur financier et des entreprises, et intensifiera sa lutte contre la déflation.
일본은 특히 금융 및 기업 부문에서 구조 개혁을 계속하고 디플레이션 퇴치를 강화할 것이다.

175 **Une crise économique**
loc. n. f.
경제위기

Depuis plusieurs années, les pays riches traversent une crise économique qui ne semblent pas vouloir s'arrêter.
몇 년 전부터, 부유한 나라들이 멈출 기미가 보이지 않는 경제 위기를 겪고 있다.

176 **Un patrimoine**
n. m.
세습 재산, 상속 재산

Cette famille a un large patrimoine établi depuis des décennies.
이 가족은 수십 년 전부터 확립된 큰 유산을 가지고 있다.

177 **Une subvention**
n. f.
지원금, 보조금

La subvention servira à financer l'amélioration des installations sportives.
지원금은 스포츠 시설 개선에 사용될 것이다.

Subventionner
v.
지원금(보조금)을 주다

Ils ont parlé du déficit et indiqué que le gouvernement devait cesser de subventionner le secteur privé.
그들은 적자에 대해 이야기하고 정부가 민간 부문에 대한 보조금 지급을 중단해야 한다고 지적했다.

동의어 Une aide financière 지원금

178	**Une cotisation** n. f. 분담금, (사회보장보험)납입금 **Cotiser** v. 분담금을 내다	Le taux des cotisations pour les travailleurs a augmenté ces dernières années. 최근 몇 년 동안 근로자들의 사회보장보험 납입 비율이 증가했다. Une nouvelle hausse de la limite d'âge permettra aux Canadiens de cotiser davantage et d'améliorer leur revenu annuel futur qui sera tiré de cette épargne. 연령 제한을 추가로 늘리면 캐나다인들은 더 많이 분담금을 낼 수 있고 이러한 저축으로부터 미래의 연간 소득을 향상시킬 수 있습니다.
179	**Un crédit** n. m. 신용 ; 대출 ; 금융기관	Demander un crédit ne veut pas toujours dire l'obtenir : il faut un bon dossier pour appuyer cette demande. 대출 신청이 항상 대출을 받을 수 있는 것을 의미하는 것은 아니다 : 이 신청을 뒷받침할 좋은 서류가 필요하다.
180	**Un prêt** n. m. 대출	Afin d'acheter une maison ou un appartement, les jeunes sont obligés de faire un prêt à la banque car ils n'ont pas les fonds suffisants pour faire un achat tout comptant. 주택이나 아파트를 구입하기 위해서, 청년들은 은행에 대출을 해야만 한다. 왜냐하면 청년들은 전액 현금으로 집을 구매할 만큼 충분한 자금이 있지 않기 때문이다.
181	**Une dette** n. f. 빚, 채무	Ils demandent que le fardeau énorme de leur dette soit allégé. 그들은 막대한 부채 부담을 줄여달라고 요구하고 있다.

Économie

182	**Emprunter de l'argent** loc. v. 돈을 빌리다	Emprunter de l'argent n'est pas une solution sur le long terme : cela implique d'être très responsable. 돈을 빌리는 것은 장기적인 해결책이 아니다 : 이것은 큰 책임감을 요한다.
183	**Rembourser** v. 갚다, 상환하다, 환불하다 **Un remboursement** n. m. 상환, 환불	Je dois rembourser ma dette tous les mois. 나는 내 대출을 매월 상환해야 한다. J'ai demandé un remboursement pour les produits que j'avais acheté, car ils ne correspondent pas à mes attentes. 나는 내가 산 물건들이 내 기대와는 달라서 환불을 요청했다.
184	**Un(e) courtier(ère)** n. 중개인, 브로커	Les courtiers sont les personnages principaux du film 'Le Loup de Wall-Street'. 브로커는 '더 울프 오브 월스트리트' 영화의 주인공이다.
185	**Un relevé d'identité bancaire (RIB)** loc. n. m. 계좌명세서	Pour souscrire à une offre téléphonique ou tout autre service, les magasins demandent un RIB. 전화 요금제나 다른 서비스에 가입하려면, 매장에서 계좌명세서를 요청한다.
186	**Une carte de débit** loc. n. f. 체크카드	La carte de débit peut être une bonne idée pour donner aux adolescents une forme d'indépendance. 체크카드는 청소년들에게 일종의 독립심을 키워줄 수 있는 좋은 아이디어가 될 수 있다. 반의어 Une carte de crédit 신용카드

경제

187 **Un compte**
n. m.
계좌

Tous les habitants ont plusieurs comptes qui comprennent au moins un compte courant et un compte épargne.
모든 시민은 최소한 하나의 입출금계좌와 하나의 저축계좌를 포함한 여러 개의 계좌를 가지고 있다.

188 **Un acompte**
n. m.
선금

Lors de l'organisation d'un mariage, ou d'un autre grand événement, afin de réserver une salle et les différents prestataires, il faut verser un acompte.
결혼식이나 기타 큰 행사를 주최할 때, 대관과 여러 서비스를 예약하기 위해서 선금을 지불해야 한다.

동의어 Une avance 선금

189 **Verser de l'argent**
loc. v.
돈을 넣다, 지불하다

Un versement
n. m.
입금, 지급

Cette fonction vous permet de verser de l'argent directement dans le compte d'une autre personne.
이 기능은 다른 사람의 계좌에 직접 돈을 입금하는 것을 가능케 해준다.

La compagnie a effectué un versement sur mon compte bancaire.
회사가 내 은행계좌에 입금을 했다.

190 **Un virement**
n. m.
이체

Virer de l'argent
loc. v.
돈을 이체하다

Vous pouvez également programmer un virement à une certaine date.
귀하는 특정일에 이체를 미리 예약해 둘 수도 있습니다.

Mes parents me virent de l'argent tous les mois comme je suis encore étudiant.
내가 아직 학생이기 때문에 우리 부모님은 매월 나에게 돈을 보내 주신다.

Économie

191	**Retirer de l'argent** loc. v. 출금하다	Je retire régulièrement de l'argent à la banque. 나는 은행에서 정기적으로 출금을 한다.
192	**Un prélèvement** n. m. 공제, 출금	Je voulais réserver un billet d'avion mais la compagnie aérienne m'a contacté à cause d'un échec de prélèvement. 나는 비행기표를 예매하려고 했으나 항공사에서 출금실패로 나에게 연락했다. 표현 Un prélèvement automatique 자동출금
193	**Un plafond** n. m. 한도	Mon compte a atteint son plafond. Je dois en ouvrir un autre. 내 계좌는 한도가 찼다. 나는 새로운 계좌를 하나 열어야 한다.
194	**Débiter** v. 지불하다, 돈을 빼가다	Chaque mois les frais de téléphone, internet, eau, électricité et gaz sont débités de mon compte. 매월 전화, 인터넷, 수도, 전기, 가스 요금이 내 계좌에서 빠져나간다.
195	**(Un) impayé** adj. / n. m. 지불하지 않은, 부도의 / 부도어음	Si les impayés s'accumulent, le vendeur peut demander des intérêts de retard. 미 지급액이 계속 쌓이면, 판매자는 연체 이자를 요청할 수 있다.
196	**Économiser** v. 절약하다, 저축하다	Je dois réduire mes dépenses pour économiser de l'argent. 나는 저축하기 위해서 지출을 줄여야만 한다.

경제

197	**Épargner** v. 저축하다, 예금하다	Il est important d'épargner pour prévenir les problèmes imprévus de la vie. 인생의 예기치 못한 문제에 대비하기 위해서 저축을 하는 것은 중요하다.
198	**Évaluer** v. 평가하다, 산정하다	Le comptable a évalué les actifs financiers de l'entreprise. 회계사는 회사의 금융 자산을 평가했다.
199	**Estimer** v. 평가하다, 추산하다	J'ai demandé à un expert d'estimer mon bien avant la vente. 나는 매각 전 전문가에게 내 부동산의 평가를 의뢰했다.

10

Santé
건강

La santé
보건

1	**La santé physique** loc. n. f. 신체 건강	Négliger les signes avant-coureurs d'une maladie c'est comme négliger toute sa <u>santé physique</u>. 질병의 전조를 무시하는 것은 본인의 건강을 소홀히 하는 것이다.
2	**Un bien-être** loc. n. m. 웰빙	L'exercice physique est indispensable au <u>bien-être</u> physique et mental.. 운동은 육체적, 정신적 웰빙을 위해 필수적이다.
3	**La santé mentale** loc. n. m. 정신 건강	Souvent les gens ne pensent qu'à se soigner physiquement mais il faut aussi prendre soin de sa <u>santé mentale</u>. 사람들은 보통 몸을 챙기는 것만 생각하지만 정신 건강 역시 돌봐야 한다. 유의어 Le bien-être mentale 정신적 웰빙

Santé

4	**La santé publique** loc. n. f. 공중 보건	L'apparition des punaises de lit en masse en France est devenue un problème de santé publique. 프랑스에서 대량의 빈대가 나타난 것은 공중 보건 문제가 되었다.
5	**L'exercice physique** loc. n. m. 신체 활동, 운동	Tous les médecins sont d'accord pour dire que pour rester en bonne santé, il faut faire de l'exercice physique. 건강하려면 운동을 해야 한다고 모든 의사들이 입 모아 말한다.
6	**L'hygiène personnelle** loc. n. f. 개인 위생	Certains ados ne suivent pas les mesures basiques d'hygiène personnelle soit par flemme soit par méconnaissance des problèmes liés à leur âge. 일부 청소년들은 개인 위생과 관련된 기본적인 규칙을 지키지 않는데, 단지 귀찮아서일 때도 있고, 그들의 나이와 관련된 문제를 인지하지 못해서이기도 하다.
7	**La prévention des maladies** loc. n. f. 질병 예방	L'OMS passe une grande partie de son budget dans la prévention des maladies et des pandémies. 세계보건기구(WHO)는 질병 및 전염병 예방에 많은 예산을 투입한다.
8	**Une vaccination** n. f. 예방 접종	Les bébés ont l'obligation de suivre un schéma de vaccinations afin d'éviter toutes sortes de maladies infantiles. 아기들은 소아 질병을 피하기 위해 예방 접종표를 따라야 한다.

건강

9	**Sanitaire** adj. 보건, 위생의	Avant toute opération, le bloc opératoire doit entièrement avoir été sanitarisé. 수술 전, 수술대는 전체적인 위생 점검을 거친다. Les installations sanitaires 위생설비, 화장실
10	**Une hygiène** n. f. 위생(학) **Hygiénique** adj. 위생(학)의	Avoir une bonne hygiène est très important. 위생을 깨끗이 하는 건 아주 중요하다. Une serviette hygiénique 생리대
11	**L'Organisation mondiale de la santé (OMS)** loc. n. f. 세계보건기구(WHO)	L'OMS a déclaré que le COVID-19 n'est plus une urgence sanitaire mondiale. 세계보건기구(WHO)는 코로나 19 가 더 이상 세계적인 공중보건 비상사태가 아니라고 선언했다.
12	**Le système immunitaire** loc. n. m. 면역력	L'idée que le système immunitaire se suffit à lui-même pour soigner toutes les maladies a de nombreux partisans. 많은 이들이 면역력만으로 모든 병을 치유할 수 없다는 생각에 동의한다.
13	**Un ADN** n. m. DNA	Nous partageons presque le même ADN avec les singes! 우리는 원숭이와 DNA 가 거의 동일하다!
14	**Un chromosome** n. m. 염색체	Le sexe d'un individu est déterminé par les chromosomes XY. 사람의 성별은 XY 염색체에 의해 결정된다.

Santé

15	**Génétique** adj. 유전자의, 유전의	Avec le choix d'un donneur, les parents peuvent aussi choisir les caractéristiques génétiques de leur futur enfant. 기증자의 선택에 따라 부모는 미래의 아이의 유전 특성을 선택할 수도 있다. Le génie génétique 유전자 공학
16	**Une cellule** n. f. 세포	Les cellules souches embryonnaires sont prélevées sur des embryons entre le 5e et le 7e jour suivant une fécondation in vitro. 시험관 수정 후 5~7 일 사이에 배아줄기세포가 배아로부터 추출되었다. Les cellules souches embryonnaires 배아줄기세포 La division cellulaire 세포 분열
17	**Un avortement** n. m. 낙태	L'Organisation mondiale de la santé (OMS) estime que près de 40.000 femmes décèdent chaque année en ayant recours à des avortements clandestins. 수정 후세계보건기구(WHO)는 해마다 약 4 만명의 여성이 불법 낙태 시술을 받는다고 추정했다. 유의어 Une interruption volontaire de grossesse 자발적 임신 중단, 낙태

Les maladies et symptômes

질병과 증상

18	**Avoir bonne / mauvaise mine** loc. v. 안색이 좋다 / 나쁘다	Tu as mauvaise mine, est-ce que ça va ? 안색이 안 좋은데, 괜찮은 거야?
19	**Avoir des hauts et des bas** loc. v. (건강상태가) 기복이 있다	Le malade a des hauts et des bas. 환자의 건강 상태는 좋아졌다 나빠졌다 한다.
20	**Être malade comme un cheval/un chien** loc. v. 심하게 아프다	Je ne vais pas en cours, je suis malade comme un chien. 나는 너무 아파서 학교에 못 간다.
21	**Tomber malade** loc. v. 병이 들다	Il fait tellement froid, j'espère ne pas tomber malade. 너무 추운데, 병에 들지 말아야 할 텐데.

Santé

22	**Ne pas être dans son assiette** loc. v. (몸/마음 상태가) 편치 못하다 컨디션이 나쁘다	Laisse-moi tranquille, je ne suis pas dans mon assiette. 나 좀 가만히 둬, 나 상태가 편치 않아.
23	**Avoir la crève** loc. v. 유행성 독감에 걸리다	Il est absent car il a la crève. 그는 유행성 독감에 걸려서 오늘 결근했다.
24	**Attraper / prendre froid** loc. v. 감기에 걸리다	Couvre-toi ! Tu vas attraper froid ! 옷 따뜻하게 입어! 그러다 감기 걸릴라!
25	**Un rhume** n. m. 감기	Tous les hivers, j'ai toujours deux ou trois rhumes consécutifs. 겨울마다 나는 감기에 두세 번 연달아 걸린다. 표현 Attraper un rhume = s'enrhumer 감기 걸리다
26	**Une grippe** n. f. 인플루엔자, 유행성 독감	Je me fais vacciner contre la grippe. 나는 독감 예방 주사를 맞았다.
27	**Un asthme** n. m. 천식	Elle fait de l'asthme, elle doit se reposer un peu. 그녀는 천식이 있어서 좀 쉬어야 한다.
28	**Asthmatique** adj. 천식을 앓는	Je suis asthmatique, c'est pire au printemps. 나는 천식이 있는데, 특히 봄에 더 심하다.

29	**Chronique** adj. (병이) 만성적인	Il a une maladie chronique. 그는 만성질환이 있다.
30	**Aigu(ë)** adj. 급성의	La grippe saisonnière est une maladie aiguë caractérisée par des symptômes tels que la fièvre, les courbatures et la fatigue soudaine. 독감은 급성 질병 중 하나로, 고열, 근육통, 갑작스런 피로로 나타난다.
31	**Une carie** n. f. 충치	Mon enfant a une carie. 우리 아이는 충치가 하나 있다.
32	**Avoir une rage de dent** loc. v. 치통이 심하다	Elle a une rage de dent, elle doit vite voir un dentiste. 그녀는 치통이 심해서 얼른 치과에 가야 한다.
33	**Un eczéma** n. m. 습진	J'ai de l'eczéma depuis que je suis jeune. 나는 어릴 적부터 습진이 있다.
34	**Une rougeole** n. f. 홍역	La vaccination contre la rougeole est obligatoire en France. 프랑스에서 홍역 예방 접종은 필수이다.
35	**Un virus** n. m. 바이러스	Le virus a déjà contaminé beaucoup de personnes dans le monde. 바이러스는 이미 전세계 많은 사람들에게 전파됐다.

Santé

36	**Une tumeur** n. f. 종양, 종기	Les tumeurs ne sont pas toutes cancéreuses. 모든 종양이 암은 아니다. Une tumeur bénigne/maligne 양성/악성 종양
37	**Un cancer** n. m. 암, 종양	Le cancer du sein 유방암 Le cancer du poumon 폐암 Le cancer du foie 간암
38	**Un diabète** n. m. 당뇨병 **Diabétique** adj. / n. 당뇨병의 / 당뇨병 환자	Mon grand-père fait du diabète. 우리 할아버지는 당뇨가 있다. Il est diabétique. 그는 당뇨 환자다.
39	**Les oreillons** n. m. pl. 볼거리	Les oreillons sont un virus très contagieux. 볼거리는 전염성이 아주 높은 바이러스다.
40	**Les règles** n. f. pl. 생리, 월경	J'ai très mal au ventre, j'ai mes règles. 생리 중이어서 배가 너무 아파.
41	**Une inflammation** n. f. 염증	Il a soigné l'inflammation avec une crème. 그는 연고로 염증을 치료했다.
42	**Une bronchite** n. f. 기관지염	Il a une grosse bronchite. 그는 심한 기관지염이 있다.

건강

| 43 | **Une angine**
 n. f.
 편도염 | Il a mal à la gorge car il a une angine.
 그는 편도염 때문에 목이 아프다. |

| 44 | **Avoir le nez bouché**
 loc. v.
 코가 막히다 | Je dors mal car j'ai le nez bouché.
 코가 막혀서 잠을 잘 못 잤다. |

| 45 | **Éternuer**
 v.
 재채기하다

 Un éternuement
 n. m.
 재채기 | Elle a éternué dans le bus.
 그녀는 버스에서 재채기를 했다.

 Son éternuement est très bruyant.
 그의 재채기는 매우 요란하다. |

| 46 | **Avoir le nez qui coule**
 loc. v.
 콧물이 나다 | Tu as un mouchoir ? J'ai le nez qui coule !
 너 휴지 있어? 내가 콧물이 나서. |

| 47 | **Tousser**
 v.
 기침하다 | Il a toussé toute la nuit.
 그는 밤새 기침했다. |

| 48 | **Une toux**
 n. f.
 기침 | La toux l'empêche de dormir la nuit.
 기침 때문에 그는 밤에 잠을 잘 수 없다. |

| 49 | **Une brûlure**
 n. f.
 화상 | Il a eu une brûlure en cuisinant.
 그는 요리하던 중에 화상을 입었다. |

Santé

50	**Une crise cardiaque** loc. n. f. 심장 마비	Il a fait une crise cardiaque il y a deux ans. 그는 2 년 전에 심장마비가 왔다.
51	**Un infarctus** n. m. 심근경색	Mon père a fait un infarctus l'année dernière, nous avons eu très peur. 아버지는 작년에 심근경색이 있었는데, 우리는 정말 무서웠다.
52	**Aveugle / malvoyant(e)** adj. 눈이 먼	Elle est aveugle de naissance. 그녀는 선천적 시각장애인이다. Ma fille est devenue aveugle suite à un accident. 사고로 내 딸은 시각장애인이 되었다.
53	**Sourd(e)** adj. 청각장애의	C'est une personne sourde, elle est malentendante. 이 사람은 청각 장애인이다. 유의어 Malentendant(e) 잘 안 들리는, 난청인
54	**Muet(te)** adj. 말을 못하는	Il est muet depuis sa naissance. 그는 태어났을 때부터 말을 못했다.
55	**Une invalidité** n. f. 불구, 신체 장애	Cet homme est invalide depuis son accident de moto. 이 남자는 오토바이 사고 이후 장애인이 되었다.

56	**Un handicap**　n. m.　장애　**Handicapé(e)**　Adj. / n.　장애가 있는, 장애인	Cet homme a un handicap.　이 남자는 장애가 있다.　Le gouvernement a annoncé de nouvelles mesures pour favoriser l'emploi des personnes handicapées (en situation de handicap).　정부는 장애가 있는 사람들의 고용을 장려하기 위해 새로운 대책들을 발표했다.
57	**Un rhumatisme**　n. m.　류머티즘	Comment se manifeste le rhumatismes ?　류머티즘은 어떻게 나타나는가?
58	**Addict(e)**　**Drogué(e)**　**Intoxiqué(e)**　adj. / n.　(마약 등에) 중독된 / 중독자	Elle est addicte à la drogue.　그녀는 약물 중독이다.　C'est un drogué.　이 사람은 마약중독자다.　유의어 accro(e) ~에 중독된, 미친, 중독자
59	**Une addiction**　n. f.　(마약 등의) 중독	Toutes les addictions sont dangereuses dans le sens où elles obligent contre tout bon sens, l'addict a consommé l'objet de l'addiction mais certaines sont moins graves que d'autres : par exemple l'addiction au chocolat.　모든 중독은 올바른 방향을 거스르게 하기 때문에 위험하다. 중독자는 중독의 대상을 소비하는데, 어떤 중독은 다른 것보다 덜 심각한데, 예를 들면 초콜릿 중독이 그렇다.　유의어 Une dépendance 의존, 중독

Santé

60	**Une intoxication** n. f. 중독(증세)	Dans quelques pays du monde, lors de voyages touristiques, les touristes doivent faire attention à la fraîcheur de leurs aliments pour ne pas souffrir d'une handicapante intoxication alimentaire. 일부 국가를 여행할 때, 관광객들은 식중독에 걸리지 않기 위해 찬 음식을 주의해야 한다. L'intoxication alimentaire 식중독
61	**Intoxiquer** v. 중독시키다 **S'intoxiquer** 중독에 빠지다	De nombreux artistes s'intoxiquent eux-mêmes pour ne pas avoir à gérer le stress de la vie de célébrités. 많은 예술가들이 유명인사로 살면서 느끼는 스트레스를 해소하기 위해 중독에 빠진다.
62	**Un allergène** n. m. 알레르겐, 알레르기 항원	Ce produit ne contient pas d'allergènes. 이 제품은 알레르기를 일으키는 성분이 없다.
63	**Une allergie** n. f. 알레르기	J'ai plusieurs allergies. 나는 여러 알레르기가 있다.
64	**Allergique** adj. 알레르기성의, ~에 과민한	Je suis allergique aux avocats. 나는 아보카도에 알레르기가 있다. 표현 Être allergique à ~에 과민한
65	**Une insomnie** n. f. 불면증	Je fais régulièrement des insomnies. 나는 정기적으로 불면증에 시달린다.

건강

| 66 | **Avoir des bleus**
loc. v.
멍이 들다 | Je me suis cogné, j'ai des bleus partout !
부딪치는 바람에 곳곳에 멍이 들었어! |

| 67 | **Héréditaire**
adj.
유전성의, 대대로 내려오는 | Il existe plus de 6.000 maladies héréditaires dans le monde.
세상에는 6000 가지 이상의 유전병이 있다.
유의어 Génétique 유전의 |

| 68 | **Une infertilité**
n. m.
불임

Infertile
adj.
불임의, 난임의 | La technique de congeler des embryons issus de FIV permet à des couples infertiles d'avoir un enfant.
시험과 시술로 얻어진 배아를 얼리는 기술은 난임부부가 아이를 갖는 것을 가능하게 해준다. |

| 69 | **Une douleur**
n. f.
고통, 통증 | Après l'entraînement intense, le sportif ressentait des douleurs musculaires.
강도 높은 훈련이 끝난 후, 운동 선수는 근육통을 느꼈다.
표현 Soulager / Calmer des douleurs
　　　통증을 완화시키다 |

| 70 | **Douloureux(se)**
adj.
아픈, 고통스러운 | Je me suis coupé le doigt, c'est très douloureux.
손가락을 베었는데, 너무 아프다. |

| 71 | **Avoir la tête qui tourne**
loc. v.
어지럽다 | J'ai la tête qui tourne, je vais m'asseoir un peu.
어지러워서 조금 앉아야겠어. |

261

Santé

72	**Avoir mal au cœur** loc. v. 멀미가 나다, 울렁거리다	J'ai mal au cœur, je crois que j'ai mangé quelque chose de mauvais. 뭐를 잘못 먹었는지 속이 메슥거리네.
73	**Avoir une fièvre de cheval** loc. v. 열이 많이 나다	J'ai une fièvre de cheval, je vais rester me reposer. 나는 열이 많이 나서 쉬려고 한다.
74	**Une épidémie** n. f. 전염병	L'épidémie touche le monde entier. 전염병이 세계로 퍼진다.
75	**Contagieux(se)** adj. 전염성의	Cette maladie est très contagieuse. 이 병은 전염성이 높다. 동의어 Infectieux(se), épidémique 전염성의
76	**Contaminer** v. 병균을 옮기다, 전염병을 유행시키다	Il a été contaminé par son cousin par la grippe. 그는 사촌에게 독감이 전염됐다. 동의어 Infecter 전염시키다 표현 Être contaminé(e) / infecté(e) 감염되다
77	**Une infection** n. f. 전염, 감염, 전염병	L'infection s'est propagée aux autres organes. 다른 장기들까지 감염되었다. 동의어 Une contamination, Une contagion
78	**Transmettre** v. 전염시키다, 옮기다	Un parasite qui transmet une maladie 병을 옮기는 기생충

79	**Démanger** v. (신체부위가) 가렵다	Le bras me démange. Les démangeaisons m'énervent. 팔이 가려워. 짜증나게 간지럽네.
80	**Gonfler** v. 부풀다, 커지다, 붓다	Le genou a gonflé. 무릎이 부었다.
81	**Enfler** v. 붓다	Sa blessure a enflé. 그/그녀의 상처가 부었다.
82	**Gratter** v. 긁다, 문지르다	Arrête de te gratter les yeux ! 눈 좀 그만 비벼 !
83	**Un épuisement** n. m. 피로, 기진맥진, 쇠약	Il est tombé d'épuisement. 그는 지쳐서 쓰러졌다.
84	**Un lumbago** n. m. 요통	Comment soulager un lumbago ? 요통을 어떻게 진정시킬까?
85	**Un mal de tête** n. m. 두통	Doliprane est un médicament utilisé en cas de douleurs comme les maux de tête. 돌리프란은 두통과 같은 통증이 있을 때 쓰는 약이다. J'ai souvent mal à la tête. 나는 종종 머리가 아프다. **표현** Avoir mal à la tête 머리가 아프다 * Doliprane 진통제 이름

Santé

86	**Une migraine** n. f. (편)두통	J'ai régulièrement des migraines. 나는 자주 편두통을 앓는다.
87	**Un mal de mer** n. m. 멀미	Ma mère prend toujours un Mercalm pour éviter d'avoir le mal de mer. 엄마는 멀미를 하지 않게 위해 멀미약을 드신다. 표현 Avoir le mal de mer 멀미하다 *Un Mercalm 멀미약 이름
88	**Un malaise** n. m. 거북함, 실신, 기절	En cas de malaise, il faut mettre la personne en PLS. 사람이 쓰러질 경우, 응급 구조 자세로 놓아야 한다. 표현 Faire un malaise 쓰러지다 *Position Latérale de Sécurité (PLS)
89	**Un évanouissement** n. m. 기절, 실신	Si vous ne mangez pas régulièrement vos repas, vous serez sujet à des évanouissements de plus en plus réguliers. 식사를 제대로 하지 않으면 갈수록 자주 기절하기 쉽습니다.
90	**S'évanouir** loc. v. 기절하다, 정신을 잃다	Il s'est évanoui tout à coup. 그는 돌연 기절했다.
91	**Un vertige** n. m. 어지러움, 현기증	Je ne peux pas monter car j'ai le vertige. 현기증이 나서 올라갈 수 없어. 표현 Donner le vertige 현기증을 일으키다

92	**Tomber dans les pommes** loc. v. 기절하다, 정신을 잃다	Je suis tombé dans les pommes ce matin. 나는 오늘 아침에 기절했다.
93	**Une bosse** n. f. 혹, 둥근 돌기(융기)	Il s'est cogné la tête, il a une bosse. 그는 머리를 부딪혔고, 혹이 생겼다.
94	**Une douleur** n. f. 고통, 아픔	Il faut d'abord calmer la douleur. 우선 고통을 진정시켜야 합니다.
95	**Une fatigue** n. f. 피로, 쇠약	Elle a des signes de fatigue. 그녀에게 피로 증상이 보여.
96	**Une fièvre** n. f. 열	Il a 39,2 de fièvre. 그는 열이 39.2 도다. Les fièvres cérébrales 뇌막염 La fièvre typhoïde 장티푸스 La fièvre jaune 황열병
97	**Une blessure** n. f. 상처, 부상	Il a des blessures sur tout son corps ! 몸 전체가 상처투성이다.
98	**Une fracture** n. f. 골절	Elle s'est fait une fracture à la suite d'une chute. 그녀는 넘어져서 골절됐다.

Santé

| 99 | **Une entorse** n. f. 접질림, 염좌 | Elle s'est fait une entorse en jouant au foot. 그녀는 축구를 하다가 발을 접질렸다. |

| 100 | **Se tordre** v. (손·발을) 삐다 ; 몸부림치다, 몸을 배배 꼬다 | 표현 Se tordre la cheville / le poignet 발목 / 손목을 삐다

Se tordre de douleur 고통에 몸부림 치다 |

| 101 | **Une irritation** n. f. 가벼운 염증; 따끔거림, 가려움 | Elle a de graves irritations à cause de son eczéma. 그녀는 습진으로 심한 염증을 앓는다. |

| 102 | **Une irritation de la gorge** loc. n. f. 목 간지러움 | Avant d'avoir une extinction de voix, j'ai d'abord une simple irritation de la gorge puis une inflammation et enfin ma voix a complètement disparu. 목소리가 나가기 전, 단순한 목 간지러움에서 염증으로 발전했고, 그 다음 목소리가 완전히 사라지고 말았다. |

| 103 | **Paralyser** v. 마비시키다 | À cause d'une injection de botox qui a mal tourné, une partie de sa bouche est paralysée. 보톡스 주사 부작용으로 그의 입이 일부 마비되었다. |

| 104 | **Une paralysie** n. f. 마비 | J'ai eu une forme de paralysie sur mon muscle. 나는 근육에 마비가 왔다. |

건강

105	**Un bobo** n. m. (어린아이의 말) 상처	Oh ? Tu as un bobo ? 어? 아야했어?
106	**S'empoisonner** v. 독살하다, 중독시키다	Il a essayé de m'empoisonner ! 그가 나를 독살하려고 했어!
107	**Souffrir de** v. ~로 아프다	Il souffre d'une allergie. 그는 알레르기로 고통받는다.
108	**Saigner** v. 피를 흘리다	Je me suis coupé le doigt et je saigne beaucoup. 손가락을 베여서, 피를 많이 흘렸다.
109	**S'aggraver** v. 악화되다	Sa situation s'est aggravée dans la nuit. 밤새 상황이 악화되었다.
110	**Un bouton** n. m. 여드름, 작은 종양	J'ai un bouton sur le front. 이마에 여드름이 났어.
111	**Une coupure** n. f. 베인 상처	Il a plein de coupures sur les jambes ! 그의 다리에는 베인 상처가 많아.
112	**Une nausée** n. f. 구역, 구토	J'ai la nausée, je crois que je vais vomir. 구역질이 나는데, 토할 것 같아.

Santé

113	**Vomir** v. 토하다	Elle a vomi son déjeuner. 그녀는 점심에 먹은 걸 토했다.
114	**Une indigestion** n. f. 소화불량, 체증	J'ai fait une indigestion la semaine dernière. 나는 지난 주에 체했어.
115	**Digérer** v. 소화하다	Elle ne digère pas très bien en ce moment. 그녀는 요즘 소화를 잘 못 한다.
116	**Avoir la diarrhée** loc. v. 설사하다	J'ai la diarrhée depuis une semaine. 나는 일주일 전부터 설사를 한다.
117	**Une hémorragie** n. f. 출혈	Elle a fait une hémorragie, elle a perdu beaucoup de sang. 그녀는 출혈이 있었고, 피를 많이 흘렸다.
118	**Un symptôme** n. m. 증상	Il a les symptômes de la grippe. 그는 독감 증상이 있다.

Les traitements
치료

| 119 | **Diagnostiquer** v. 진단을 내리다 | Le médecin est en train de diagnostiquer la maladie. 의사가 병을 진단하고 있다. |

| 120 | **Examiner** v. 진찰하다, 진료하다 | Le docteur examine son patient. 의사가 환자를 진찰한다. |

| 121 | **Soigner** v. 치료하다, 돌보다 | L'infirmier soigne ma blessure à la jambe. 간호사가 내 다리의 상처를 치료한다. |

| 122 | **Un traitement** n. m. 치료, 처치 | Vous commencerez le traitement dès demain. 내일부터 치료를 받으실 거예요. |

| 123 | **Ausculter** v. 청진하다 | Le spécialiste va vous ausculter dans quelques minutes. 몇 분 뒤에 전문의가 청진해주실 거예요. |

Santé

124	**Prescrire** v. 처방하다	Le médecin m'a prescrit beaucoup de médicaments. 의사가 내게 많은 약을 처방했다.
125	**Un diagnostic** n. m. 진단	Les résultats du diagnostic sont plutôt encourageants. 진단 결과가 비교적 좋다.
126	**Prendre la tension** loc. v. 혈압을 재다	Je me sens fatigué alors le docteur prend ma tension. 내가 피곤해하니 의사가 내 혈압을 쟀다.
127	**Prendre le pouls** loc. v. 맥박을 재다	Il s'est évanoui et une personne lui a pris le pouls. 그가 기절했고, 한 사람이 그의 맥박을 쟀다.
128	**Un examen médical** n. m. 의료 검진	Je vais bientôt passer un examen médical. 나는 곧 의료 검진을 받아야 한다. 동의어 Un check-up médical 의료 검진
129	**Une ordonnance** n. f. 처방, 처방전	Avez-vous l'ordonnance du médecin ? 의사 처방전이 있나요 ?
130	**Se faire opérer** loc. v. 수술받다	Il se fait opérer demain matin. 그는 내일 아침에 수술받는다.
131	**Être hospitalisé(e)** loc. v. 입원하다	Elle est hospitalisée dans l'hôpital juste à côté. 그녀는 바로 옆 병원에 입원했다.

132	**Se rétablir** v. 회복되다	Elle va vite se rétablir. 그녀는 곧 회복할 거야.
133	**Un rétablissement** n. m. 회복	Je vous souhaite un prompt rétablissement. 빠른 쾌유를 빕니다.
134	**Guérir** v. 치료하다; 치유되다	Il a dit que je vais bientôt guérir. 그는 내가 곧 나을 거라고 했다.
135	**Une guérison** n. f. 치유, 회복	Les cicatrices deviennent permanentes après guérison totale de la plaie. 상처가 완전히 회복되고 나면 흉터가 남게 된다.
136	**Une plaie** n. f. 상처	Tourner le couteau dans la plaie 상처 난 곳에 칼을 쑤시다 = 불난 집에 부채질 하다
137	**Désinfecter** v. 소독하다	Tu dois vite désinfecter la plaie ! 얼른 상처를 소독해야 해 !
138	**Cicatriser** v. (상처를) 아물게 하다	Cela va rapidement cicatriser. 그건 빨리 아물 거야.
139	**Un anti-inflammatoire** n. m. 소염제	J'ai pris un anti-inflammatoire avant de dormir. 나는 자기 전에 소염제를 먹었다.

Santé

140	**Un complément alimentaire** n. m. 영양 보조 식품	Est-ce que tu prends des compléments alimentaires ? 너 영양 보조제를 먹니?
141	**Un comprimé** n. m. 알약	Combien dois-je prendre de comprimés par jour ? 하루에 약 몇 알을 먹어야 하죠 ?
142	**Un cachet** n. m. 약포, 캡슐	Il a pris un cachet contre la douleur ce matin. 그는 아침에 진통제를 하나 먹었어.
143	**Une pastille** n. f. 목 캔디	Prends une pastille pour la gorge ! Ça va te soulager. 목 캔디를 먹어! 좀 나아질 거야.
144	**Une goutte** n. f. 방울; 안약	J'ai mis des gouttes dans mes yeux. 눈에 안약을 넣었다.
145	**Un préservatif** n. m. 콘돔, 피임 기구	L'utilisation du préservatif est primordiale. 피임 기구 사용은 필수적이다.
146	**Une pilule** n. f. 경구 피임약	Je prends la pilule depuis plusieurs années. 나는 몇 년 전부터 피임약을 복용하고 있다.

건강

147	**Un somnifère** n. m. 수면제	Les personnes qui ont la phobie de l'avion peuvent prendre des somnifères pour passer le vol plus rapidement. 비행기 혐오증이 있는 사람들은 빨리 잠들기 위해 수면제를 먹는다.
148	**Une ampoule buvable** n. f. 앰플제	En hiver, de nombreuses personnes font des cures de vitamine C pour éviter de tomber malade souvent sous la forme d'ampoules buvables. 겨울이면 병에 걸리지 않기 위해 많은 사람들이 비타민 C 치료법을 사용하는데 주로 마시는 앰플 형태를 이용한다.
149	**Une prise de sang** loc. n. f. 피를 뽑다	Je dois faire une prise de sang. 나는 채혈해야 한다.
150	**Faire des points de suture** loc. v. 꿰매다	On lui a fait des points de suture à une plaie. 그의 상처를 꿰맸다.
151	**Une acupuncture** n. f. 침술	Je vais faire de l'acupuncture pour soulager mes douleurs. 나는 통증을 가라앉히기 위해 침을 맞을 거야.
152	**Une diète** n. f. 식이 요법, 다이어트	Je vais commencer la diète la semaine prochaine. 다음주부터 식이 요법을 시작할 거야.

Santé

153	**Une convalescence** n. f. 회복기	Elle est en convalescence, laissons-la se reposer. 그녀가 회복 중이니 쉬게 두자.
154	**Un antibiotique** n. m. 항생물질, 항생제	Vous n'avez pas besoin d'antibiotiques. 항생제를 드실 필요는 없습니다.
155	**Une homéopathie** n. f. 유사 요법	As-tu déjà essayé l'homéopathie ? 유사 요법을 이미 시도해 봤어?
156	**Une transfusion** n. f. 수혈	J'ai eu une transfusion sanguine durant mon opération. 나는 수술 중에 수혈을 받았다.
157	**Une piqûre** n. f. 주사	Le pauvre ! Il a plein de piqûres de moustiques ! 불쌍해라! 모기에 안 물린 데가 없네!
158	**Une vitamine** n. f. 비타민	Je pense que j'ai besoin de prendre des vitamines. 내 생각에 나는 비타민을 먹어야 할 것 같다.
159	**Une greffe** n. f. 이식	La greffe n'est pas une procédure anodine et elle demande de nombreuses visites de contrôle. 이식은 간단한 절차가 아니며, 여러 차례의 검사가 필요하다. 표현 Subir une greffe du rein 신장 이식을 받다

건강

160	**Un oxygène** n. m. 산소	Je manque d'oxygène. 산소가 부족해. Lorsque les patients ont du mal à respirer, on peut parfois les aider en leur donnant de l'oxygène. 환자들이 숨 쉬는 것을 어려워하면 산소를 주입하는 것으로 도움을 줄 수 있다.
161	**Une pommade** n. f. 크림, 연고	Je dois acheter de la pommade pour mon fils. 나는 내 아들에게 줄 연고를 사야 해.
162	**Un paracétamol** n. m. 파라세타몰 (진통 해열제)	Je voudrais du paracétamol s'il vous plaît. 진통 해열제 주세요.
163	**Une radiographie** n. f. 엑스레이	Je me suis blessé, je dois faire une radiographie. 나는 다쳐서 엑스레이를 찍어야 한다. *une radio = une radiographie
164	**Un plâtre** n. m. 깁스	J'ai un plâtre au bras. 나는 팔에 깁스를 했다.
165	**Avoir le bras en écharpe** loc. v. 깁스를 하다	Je suis tombé sur le trottoir, j'ai le bras en écharpe. 도보에서 넘어져서 팔에 깁스를 했어.

Santé

166	**Un sirop** n. m. 시럽	Prends une cuillère de sirop avant de dormir. 자기 전에 물약 한 숟갈을 먹어.
167	**Un suppositoire** n. m. 좌약	Le docteur lui a prescrit des suppositoires. 의사가 그에게 좌약을 처방해줬다.
168	**Un vaccin** n. m. 백신, 예방 접종	Le vaccin contre la grippe est très efficace. 독감 예방 접종은 아주 효과가 있다.
169	**Arracher une dent** loc. v. 이를 뽑다	Je dois me faire arracher une dent. 나 이를 하나 뽑아야 한다.
170	**Faire un massage cardiaque** loc. v. 심폐 소생술을 하다	Dans le cas d'un infarctus, il faut absolument faire un massage cardiaque très rapidement pour éviter les séquelles. 심근경색이 일어나면 후유증을 막기 위해 반드시 신속하게 심폐 소생술을 해야 한다.
171	**Administrer / donner les premiers secours** loc. v. 응급 처치를 하다	Savoir administrer les premiers secours est une compétence non négligeable dans la société. 응급 처치를 할 줄 아는 것은 사회에서 꽤 중요한 능력이다.
172	**Un bouche-à-bouche** n. m. 인공호흡	Je lui ai fait du bouche-à-bouche. 나는 그에게 인공호흡을 했다.

Le personnel soignant
의료진

173	**Un(e) généraliste** n. m. / f. 일반의	J'ai mal à la gorge, je vais consulter un généraliste. 나는 목이 아파서 일반의를 보러 가려 한다.
174	**Un(e) médecin de famille** n. m. / f. 가족 주치의	Le médecin de famille est très gentil. 가족 주치의는 매우 친절하다.
175	**Un(e) médecin traitant(e)** n. m. / f. 주치의	Je dois choisir un nouveau médecin traitant. 나는 새 주치의를 선택해야 한다.
176	**Un(e) infirmier(ère)** n. m. / f. 간호사	L'infirmière passera dans une heure. 한 시간 후에 간호사가 들를 거예요.

Santé

177	**Un(e) dentiste** n. m. / f. 치의사	J'ai peur de rencontrer mon dentiste. 치과 선생님을 보기가 무서워.
178	**Un(e) cardiologue** n. m. / f. 심장병 전문의	Le cardiologue doit établir un diagnostic. 심장병 전문의가 진단을 내려야 한다.
179	**Un(e) chirurgien(ne)** n. m. / f. 외과 의사	C'est une très grande chirurgienne. 그녀는 아주 유능한 외과의사다.
180	**Un(e) gynécologue** n. m. / f. 부인과 의사	Cette gynécologue est vraiment rassurante. 이 산부인과 의사는 정말 사람을 안심시킨다.
181	**Un(e) psychiatre** n. m. / f. 정신과 의사	J'ai rencontré un psychiatre dans un cabinet privé. 나는 개인 병원에서 정신과 의사를 만났다.
182	**Un(e) anesthésiste** n. m. / f. 마취의	J'ai rencontré l'anesthésiste avant mon opération. 수술 전에 마취의를 만났다.
183	**Une sage-femme** n. f. 산파, 조산사	La sage-femme est occupée avec d'autres patientes. 산파는 다른 환자를 돌보느라 바빴다.

184	**Un(e) spécialiste** n. m. / f. 전문의	J'aimerais consulter un spécialiste pour mon problème. 나는 내 문제와 관련해서 전문의 상담을 받고 싶다.
185	**Un(e) interne** n. m. / f. 인턴	Elle est interne dans un centre hospitalier universitaire. 그녀는 한 대학 병원의 인턴이다.

11

Environnement
환경

La nature

자연

1	**L'écologie** n. f. 환경, 생태, 생태학	L'écologie étudie la relation entre les êtres vivants et leur environnement. 생태학은 생물과 환경 간의 관계를 연구한다.
2	**La biodiversité** n. f. 생물 다양성	Aujourd'hui, la biodiversité est menacée. 오늘날 생물 다양성이 위협받고 있다.
3	**La Terre** **La Planète** n. f. 지구	La Terre est en danger à cause de la pollution. 오염으로 지구가 위험에 처했다.
4	**Un écosystème** n. m. 생태계	L'écosystème est mis à mal par nos habitudes. 우리들의 습관이 생태계를 파괴했다.

Environnement

5	**La faune** n. f. 동물군, 동물상 **La flore** n. f. 생물군, 생물상	La municipalité propose une promenade interactive pour découvrir la faune et la flore de la région. 지역 동식물을 찾아보기 위해 시에서 참여형 산책 프로그램을 제안한다.
6	**Une espèce** n. f. 종	25% des espèces de Madagascar sont menacées d'extinction par le changement climatique. 마다가스카르의 25% 종이 기후변화로 인해 사라질 위기에 처해있다.
7	**Un cratère** n. m. 분화구	Au Sommet de l'Etna se trouve plusieurs cratères. 에트나 화산의 정상에는 분화구가 여러 개이다.
8	**Une érosion** n. f. 침식	L'érosion a créé les falaises d'Étretat. 침식으로 에트르타 절벽이 만들어졌다.
9	**Une côte** n. f. 해안, 연안 **Côtier(ère)** adj. 연안의	De petites maisons de vacances sont construites le long de la côte méditerranéenne. 휴가를 위한 작은 별장들이 지중해 해안을 따라 건설되어 있다. Les côtes du Morbihan 모르비앙 연안 La côte d'Azur 코트다쥐르 Une ville côtière 연안 도시
10	**Un milieu naturel** n. m. 자연 환경	Le milieu naturel de chaque espèce est différent. 종은 저마다 자연 환경이 다르다.

환경

| 11 | **Un habitat**
n. m.
서식지 | L'association œuvre à la préservation de l'habitat des oiseaux migrateurs.
단체는 철새 서식지 보호를 위해 노력한다. |

| 12 | **Un parc naturel**
n. m.
자연공원 | Le parc naturel de Yosemite.
요세미티 자연공원 |

| 13 | **Un maintien**
n. m.
유지, 보존, 존속 | Le maintien de l'environnement est important.
환경 보존은 중요하다. |

| 14 | **Polaire**
adj.
극지의 | On peut généralement observer les aurores boréales près du cercle polaire.
북극 오로라는 일반적으로 북극권 근처에서 볼 수 있다.
L'ours polaire 북극곰
L'étoile polaire 북극성 |

| 15 | **Un pôle**
n. m.
극, 극지 | Le célèbre expéditeur rêve de partir explorer le pôle sud.
이 유명한 운송업자는 남극을 탐험하러 떠나길 꿈꾼다.
Le pôle nord 북극
Le pôle sud 남극 |

Environnement

La pollution
환경 오염

16	**Polluer** v. 오염시키다	Les véhicules lourds contribuent à polluer l'air. 대형 차량은 대기 오염에 일조한다.
17	**La pollution** n. f. 오염, 공해	Toutes les pollutions sont nuisibles mais les plus visibles sont souvent celles qui sont le plus vite dénoncées. 모든 종류의 오염이 해롭지만 사람들은 가장 눈에 잘 띄는 오염을 짚어낸다. La pollution de l'air 대기오염 La pollution des sols 토양오염 La pollution de l'eau 수질오염
18	**Polluant(e)** adj. 오염시키는	Les énergies fossiles sont très polluantes. 화석 연료는 공해 물질이다.

환경

19	**Un polluant** n. m. 오염 물질	Les particules fines sont le principal polluant à l'origine de la détérioration de la visibilité. 미세 먼지는 시야 감소를 일으키는 주된 오염 물질이다.
20	**Dépolluer** v. 오염을 제거하다, 정화하다	Pour dépolluer la mer, il faut une mesure environnementale à long terme. 바다를 정화하기 위해서는 장기적인 환경적 조치가 필요하다.
21	**Une dépollution** n. f. 오염 제거	Les problèmes de dépollution des mines abandonnées ne sont toujours pas réglés. 버려진 광산의 청소 문제는 여전히 해결되지 않았다. La dépollution des sols 토양 오염 제거
22	**Un écocide** n. f. 생태계 파괴, 에코사이드	Si nous ne saisissons pas le besoin d'écologie dans la politique, nous courons à l'écocide, à l'autodestruction d'une écosphère qui alimente toute l'existence humaine. 정치에서 생태주의의 필요성을 인지하지 못하면 우리는 생태계 파괴와 인간을 먹여 살리는 생태권의 자멸에 이르게 될 것이다.
23	**Le réchauffement climatique** loc. n. m. 지구 온난화	Pour lutter contre le réchauffement climatique, les dirigeants des pays se réunissent chaque année. 지구 온난화에 대응하기 위해 국가 원수들이 매년 회동한다.
24	**Les nuisances sonores** loc. n. f. pl. 소음 공해	Il a signalé au syndic les nuisances sonores de voisinage. 그는 주택 관리 조합에 이웃이 내는 소음을 신고했다.

Environnement

25	**Une déforestation** n. f. 산림 파괴	La déforestation est un vrai problème en Amazonie. 아마존강 유역 산림 벌채는 큰 문제다. 유의어 un déboisement 벌채, 나무배기
26	**Une désertification** n. f. 사막화	Avec le changement climatique, la désertification s'est accélérée. 기후 변화로 사막화가 빨라졌다.
27	**Une destruction** n. f. 파괴, 피해, 황폐	La destruction de la forêt amazonienne implique de graves conséquences, puisque celle-ci joue un grand rôle dans l'absorption du CO2. 아마존 삼림은 CO2 흡수에 큰 역할을 하기 있기 때문에 아마존 삼림 파괴는 심각한 결과를 초래한다.
28	**Exploiter** v. 개발하다	On exploite des ressources naturelles pour créer des énergies. 우리는 에너지 생산을 위해 천연 자원을 개발한다.
29	**Émettre** v. 방출하다	L'élevage émet beaucoup de gaz à effet de serre. 목축업은 온실 가스를 많이 배출한다.
30	**Une émission** n. f. 방출	Nous allons réduire les émissions de gaz à effet de serre. 우리는 온실 가스 사용을 줄일 것이다.
31	**Des gaz à effet de serre** loc. n. m. pl. 온실가스	Les gaz à effet de serre sont le principal responsable de la destruction de la couche d'ozone. 온실가스는 오존층 파괴의 주범이다.

환경

32	**L'effet de serre** loc. n. m. 온실 효과	Le réchauffement climatique est en partie dû à l'effet de serre. 기후 온난화의 일부는 온실 효과에 의한 것이다.
33	**Des gaz d'échappement** loc. n. m. pl. 매연, 배기가스	Il est nécessaire de contrôler l'émission des gaz d'échappement. 배기가스 규제가 필요하다.
34	**Un dioxyde de carbone** loc. n. m. 이산화탄소	Le dioxyde de carbone a un impact négatif sur l'environnement. 이산화탄소는 환경에 부정적인 영향을 준다.
35	**Une couche d'ozone** loc. n. f. 오존층	La couche d'ozone nous protège des rayons ultraviolets trop forts qui pourraient être dangereux pour la santé. 오존층은 너무 강한 자외선으로부터 우리를 보호해주는데, 강한 자외선은 건강에 위험하다.
36	**Un déchet** n. m. 쓰레기, 폐기물	Les déchets doivent être triés. 쓰레기는 분리수거 되어야 한다.
37	**Des déchets alimentaires** loc. n. m. pl. 음식물 쓰레기	Les déchets alimentaires posent un véritable problème. 음식물 쓰레기는 심각한 문제이다.
38	**Un gaspillage** n. m. 낭비, 허비	On prend l'initiative pour réduire le gaspillage alimentaire. 우리는 음식 낭비를 줄이기 위해서 앞장선다.

Environnement

39	**Des déchets radioactifs** loc. n. m. pl. 방사성 폐기물	On fait des efforts pour minimiser la quantité de déchets radioactifs. 우리는 방사성 폐기물을 줄이기 위해 노력한다.
40	**Un emballage** n. m. 포장	Les pays cherchent à lutter contre la surconsommation des emballages. 많은 국가들이 포장용기 과다 사용을 근절하기 위해 노력한다. Les emballages plastiques 일회용 포장
41	**Une décharge sauvage** loc. n. f. 불법 쓰레기장	Les décharges sauvages affectent certaines espèces animales et abîment l'écosystème. 불법 쓰레기장은 특정 동물종에 영향을 미칠 수 있고 생태계를 파괴할 수 있다.
42	**Menacer** v. 위협[협박]하다	Le dérèglement climatique menace l'habitat naturel des ours polaires. 기상 이변이 북극곰의 자연 서식지를 위협한다.
43	**Menacé(e)** adj. 위기에 처한, 위태로운	Le dodo était une espèce menacée. 도도새는 멸종 위기종이었다. 유사표현 En danger 위험에 처한
44	**Nuisible** adj. 해로운	Cette substance chimique est nuisible à la santé. 이 화학 물질은 인체에 해롭다.
45	**Détruire** v. 파괴하다	Arrêtons de détruire notre planète. 지구를 파괴시키는 일을 멈춥시다.

환경

46	**Abîmer** v. 망가뜨리다, 손상시키다	Nous abîmons notre planète. 우리가 지구를 망가뜨린다.
47	**Gaspiller** v. 낭비하다	Gaspiller est mauvais pour l'environnement. 낭비하는 것은 환경에 나쁘다.
48	**Épuiser** v. 고갈시키다 **S'épuiser** v. 고갈되다	Nous n'avons pas encore épuisé les ressources naturelles comme le pétrole. 석유를 비롯하여 우리는 아직 천연 자원을 모두 사용하지 않았다. Les ressources naturelles s'épuisent petit à petit. 천연자원이 차차 고갈되고 있다.
49	**L'épuisement des matières premières** loc. n. m. 원료(원자재) 고갈	On doit prendre en compte la probabilité d'épuisement des matières premières. 우리는 원료 고갈 가능성을 고려해야 한다.
50	**Une extinction** n. f. 소멸, 소실	L'extinction des espèces est accélérée par la dégradation et la destruction des habitats naturels. 자연 서식지의 황폐화와 파괴로 인해 생물 멸종이 가속화되고 있다.

Environnement

51	**Disparaître** v. 사라지다, 없어지다 **Une disparition** n. f. 소멸, 소실, 사라짐	Beaucoup d'espèces ont disparu au cours des derniers siècles. 지난 세기 동안 수많은 종이 멸종했다. Les mangroves, un refuge de biodiversité, sont en voie de disparition. 생물다양성의 보고인 맹그로브가 사라지고 있다.
52	**Une marée noire** n. f. 흑조(해양 오염), 기름띠	La marée noire en Bretagne a été une catastrophe écologique. 브르타뉴에서 발생한 기름 유출은 생태적 재앙이었다.
53	**Toxique** adj. 유독성의 **Un toxique** n. m. 독, 독소	Ce produit ne contient aucune substance toxique. 이 제품은 독성 물질이 전혀 없다. 유의어 Nocif 해로운, 유독한 　　　 Malfaisant 유해한 　　　 Néfaste 불리한, 해로운
54	**Une famine** n. f. 기근, 기아, 굶주림	Suite à la sécheresse, la famine a commencé. 가뭄 이후, 기근이 시작되었다.
55	**Une montée des eaux** loc. n. f. 수면 상승	Suite aux fortes intempéries, la montée des eaux a commencé. 악천후 이후, 수면이 상승하기 시작했다.
56	**Un risque** n. m. 위험(성), 위협	Le risque d'avalanche est important. 산사태가 날 위험이 높다.

57	**Une radioactivité** loc. n. f. 방사능, 방사성	La radioactivité peut provoquer des maladies graves et des déformations. 방사능은 심각한 병 또는 기형을 유발할 수 있다.
58	**Affecté(e)** adj. 병에 걸린, 타격(영향)을 받은	La qualité de l'air est affectée par les activités humaines. 대기질은 인간 행위에 영향을 받는다.

Les énergies

에너지

59	**Un carburant** n. m. 엔진 연료	Le prix du carburant a grimpé. 연료비가 상승했다.
60	**Nucléaire** adj. 핵의 ; 원자력의	La centrale nucléaire remplace la centrale thermique. 원자력 발전소가 화력 발전소를 대체한다. Certains disent que l'énergie nucléaire est la solution pour l'avenir. 일부 사람들은 원자력이 미래의 해결책이라고 말한다. L'énergie nucléaire 원자력 L'arme nucléaire 핵무기 La famille nucléaire 핵가족 Le mouvement antinucléaire 원자력 반대 운동
61	**Une énergie alternative** loc. n. f. 대체에너지	Les énergies alternatives permettent de ne plus utiliser le pétrole, ou moins. 대체 에너지는 석유를 더이상 사용하지 않게끔, 아니면 더 적게 사용하도록 해준다.

62	**Un panneau solaire** loc. n. m. 태양광 패널	Les panneaux solaires coûtent de moins en moins cher avec les demandes accrues. 태양광 패널은 수요가 증가함에 따라 가격이 낮아진다.
63	**Une énergie solaire** loc. n. f. 태양에너지	L'énergie solaire est générée par les panneaux solaires. 태양 에너지는 태양 전지판으로 만들어진다.
64	**Éolienne** adj. 풍력의	L'énergie éolienne est générée par le vent. 풍력 에너지는 바람으로 작동한다.
65	**Une centrale nucléaire** n. f. 원자력 발전소	La population locale est mobilisée contre le projet de la nouvelle centrale nucléaire. 지역 주민들이 새로운 원자력 발전소 프로젝트에 대항해 결집했다.
66	**Une ressource** n. f. 자원	Les ressources naturelles ne sont pas toutes illimitées. 천연자원이 모두 무한한 건 아니다.
67	**Une essence sans plomb** n. f. 무연휘발유	L'un des carburants « propres » est l'essence sans plomb. 청정 에너지 중 하나는 무연 휘발유다.
68	**Une énergie propre** n. f. 청정에너지	L'énergie propre est une énergie qui ne pollue pas, ou moins. Elle est censée être bonne pour l'environnement. 청정 에너지는 오염을 시키지 않거나 덜 시키는 에너지이다. 청정 에너지는 환경에 좋은 것이라 여겨진다.

Environnement

69	**Une énergie renouvelable** loc. n. f. 재생 에너지	L'énergie renouvelable est différente des énergies fossiles. En effet, les énergies renouvelables proviennent d'éléments tels que la pluie, le soleil, etc. 재생 에너지는 화석 에너지와 다르다. 재생 에너지는 빗물이나 햇볕과 같은 요소에서 온다.
70	**Une énergie thermique** loc. n. f. 열에너지	De nombreuses personnes chauffent encore leur maison en partie avec l'énergie thermique notamment en utilisant le gaz. 아직도 많은 사람들이 가정 난방에 열에너지, 특히 가스를 사용한다.

환경

Protéger la planète

환경 보호

71	**Le développement durable** loc. n. m. 지속 가능한 발전	Le développement durable a pour but de créer un système qui dure et qui prend en compte les soucis écologiques et environnementaux. 지속 가능한 발전은 오래 지속되면서 생태학적이고 환경 문제를 생각하는 시스템을 만들고자 한다.
72	**La préservation** n. f. 보호, 보존, 예방	Les écologistes luttent pour la préservation de la biodiversité. 생태학자들은 생물다양성 보존을 위해 고군분투한다. 동의어 La protection 보호, La sauvegarde 보전
73	**Protéger** v. 보호하다	Afin de protéger l'environnement, le gouvernement envisage d'adopter un plan d'action « zéro pollution ». 환경을 보호하기 위해 정부는 제로오염 활동계획을 채택하려고 한다. 동의어 Préserver, Sauvegarder 보호하다

Environnement

| 74 | **Une sauvegarde**
n. f.
보호, 보전 | Cette association s'engage activement pour la sauvegarde de la nature.
이 단체는 자연 보호에 적극 참여한다. |

| 75 | **Sauvegarder**
v.
보호하다 | La diversité biologique assure le bon fonctionnement de la forêt et sa capacité à faire face au changement climatique. Voilà pourquoi sauvegarder les ressources forestières est l'une des missions prioritaires de l'ONF.
생물의 다양성은 숲의 기능을 보장하고, 기후변화에 대응할 능력을 보장한다. 그렇기 때문에 산림청은 산림자원 보호를 가장 중요한 미션 중 하나로 삼는다.

동의어 Protéger 보호하다, Conserver 보전하다 |

| 76 | **Propre**
adj.
깨끗한, 청결한, 환경을 오염시키지 않는 | Il est de notre devoir de léguer une planète plus propre à nos enfants.
아이들에게 더 깨끗한 지구를 물려주는 건 우리의 의무이다.
L'industrie propre 무공해 산업 |

| 77 | **Composter**
v.
퇴비를 주다 | Il est important de composter ses déchets alimentaires.
음식물 쓰레기를 퇴비로 만드는 건 중요하다. |

| 78 | **Un reboisement**
n. m.
재조림, 나무 다시 심기 | L'Indonésie a engagé de sérieuses actions de reboisement pour remettre en état les terres dégradées.
인도네시아는 황폐화된 토지를 복구하기 위해 대대적인 재조림 조치를 취했다. |

79	**Récupérer** v. 수거하다	Nous récupérons l'eau de pluie pour le jardin. 우리는 정원에 쓰려고 빗물을 수거한다.
80	**Le recyclage** n. m. 재활용	Le recyclage donne une seconde vie aux déchets. 재활용은 쓰레기에 새로운 삶을 불어넣는다.
81	**Recycler** v. 재활용하다	Il faut recycler ses déchets. 쓰레기를 재활용해야 한다.
82	**Réduire** v. 줄이다	Nous avons réduit de moitié les émissions de CO2. 우리는 이산화탄소 배출을 절반 줄였다. 동의어 Diminuer 줄이다
83	**Un tri sélectif** n. m. 분리수거	Nous faisons le tri sélectif de nos déchets afin de préserver notre planète. 우리는 지구를 보존하기 위해 분리수거를 한다.
84	**Les pistes cyclables** loc. n. f. pl. 자전거 도로	Les pistes cyclables sont réservées pour les vélos. 자전거 도로는 자전거 전용이다.
85	**L'élimination des déchets** loc. n. f. 쓰레기 / 폐기물 폐기	L'incinération constitue une méthode d'élimination des déchets. 소각은 쓰레기 제거 방식 중 하나다.

Environnement

86	**Écologique** adj. 생태학의, 자연보호의	La catastrophe écologique 생태계 파괴
87	**Un(e) écologiste / écolo** n. m. / f. 환경학자, 자연 보호론자	Le/la militant(e) écologiste 환경 운동가
88	**Une espèce protégée** n. f. 보호종	Grâce à des réglementations, les espèces protégées auront moins de chance de disparaître. 규제 덕분에 보호종이 멸종될 위기는 적을 것이다.

Les catastrophes naturelles
자연 재해

89	**Une canicule** n. f. 폭염	La canicule a frappé tous les territoires du pays, les températures ont monté jusqu'à 40 degrés. 국가 전역에 폭염이 덮치면서 기온이 40 도까지 올랐다.
90	**Caniculaire** adj. 몹시 더운, 폭염의	Après l'été caniculaire, l'hiver s'annonce doux. 여름 폭서가 지난 뒤, 이번 겨울은 포근할 것으로 예상된다.
91	**Une avalanche** n. f. 눈사태	Une avalanche sur les pistes de ski a fait deux victimes. 스키 슬로프 위로 눈사태가 덮쳐 두 명이 사망했다.

Environnement

92	**Un cataclysme** n. m. (지진·홍수 따위의) 천재지변	Un cataclysme sans précédent est survenu. 전례 없던 천재지변이 일어났다.
93	**Une catastrophe** n. f. 대재앙, 대참사	Le tsunami est une catastrophe naturelle. 쓰나미는 자연재해다. 유의어 Un désastre 재난, 재해 Un sinistre 천재
94	**Une crue** n. f. (하천 따위의) 수량 증가	La crue du fleuve a provoqué une inondation. 하천이 불어나면서 홍수가 났다.
95	**Un glissement de terrain** loc. n. m. 산사태	L'année dernière il y a eu un glissement de terrain pas loin d'ici. 작년에 여기서 멀지 않은 곳에서 산사태가 있었다.
96	**Un désastre** n. m. 재난, 재앙, 재해	Les infrastructures canadiennes sont plus vulnérables aux désastres naturels. 캐나다 시설들은 자연재해에 더 취약하다.
97	**Dévaster** v. 황폐화하다, 큰 피해를 주다	L'ouragan a dévasté cette région entière. 폭풍우로 이 지역은 전부 폐허가 되었다.
98	**Un(e) disparu(e)** n. m. / f. 실종자	Nous comptons trois disparus suite aux inondations. 홍수로 실종자가 세 명 있을 것으로 추정된다.
99	**Une victime** n. f. 희생자, 피해자	L'incendie n'a fait aucune victime. 화재로 인한 인명 사고는 없었다.

100	**Un incendie** n. m. 화재, 큰 불	Un terrible incendie ravage une partie de la ville. 엄청난 화재로 도시 일부가 파괴되었다.
101	**Une inondation** n. f. 홍수, 물난리, 침수	On répare une vieille maison pour parer à une éventuelle inondation. 우리는 잠재적인 홍수에 대비하여 오래된 집을 수리한다. 유의어 Une submersion 침수, 침몰 　　　 Une immersion 침수
102	**Être inondé/ submergé/immergé** loc. v. 침수되다, 물에 잠기다	Ce village a été immergé en 1950 par les eaux du lac de Resia. 이 마을은 1950년 레시아 호수에 의해 침수됐었다.
103	**Déborder** v. 넘치다, 범람하다	À cause d'une grosse averse, le fleuve a débordé. 폭우로 하천이 범람했다. 유의어 Inonder, Submerger, Immerger 　　　 범람하다, 물에 잠기다
104	**Une fumée** n. f. 연기	Il y a de la fumée au loin. C'est probablement un incendie. 멀리서 연기가 난다. 아마 화재가 있나 보다.
105	**Un tremblement de terre** loc. n. m. 지진	Le tremblement de terre d'hier a causé beaucoup de dégâts. 어제 지진으로 많은 피해가 발생했다.

Environnement

106	**Une magnitude** n. f. 진도	Un séisme de magnitude 7 sur l'échelle de Richter a frappé la région. 리히터 규모 진도 7 의 강진이 지역을 강타했다.
107	**Un séisme de force** loc. n. m. 진도	Il y a eu un séisme de force 3 hier. Je l'ai senti chez moi. 어제 진도 3 의 지진이 있었다. 나는 집에서 지진을 느꼈다.
108	**Trembler** v. 흔들거리다, 진동하다	Quand la terre a commencé à trembler, ils se sont mis à l'abri dans l'école. 땅이 흔들리기 시작하자, 그들은 학교로 대피했다.
109	**Un raz-de-marée** **Un tsunami** n. m. 해일, 쓰나미	Le raz-de-marée a dévasté toutes les villes du bord de mer. 해일은 모든 해안 마을을 쓸어버렸다. Le tsunami du 11 mars 2011 est l'une des catastrophes naturelles les plus meurtrières au Japon. 2011 년 3 월 11 일에 발생한 쓰나미는 일본에서 가장 많은 인명 피해를 낸 자연재해 중 하나이다.
110	**Un cyclone (tropical)** n. m. (열대) 저기압, 사이클론	Les États-Unis sont sujets à de nombreux cyclones chaque année mais ses habitants y sont maintenant préparés. 미국은 매년 많은 허리케인을 겪지만, 주민들은 이제 대비할 줄 안다.
111	**Un typhon** n. m. 태풍	Le typhon vient de l'océan. 태풍은 해양에서 발생한다.

환경

112	**Un ouragan** n. m. 폭풍우, 태풍	L'ouragan a tout balayé sur son passage. 태풍이 모든 걸 휩쓸고 지나갔다.
113	**Un volcan** n. m. 화산	La région d'Auvergne en France a beaucoup de volcans endormis. 프랑스 오베르뉴 지역에는 휴화산이 많다. Un volcan actif 활화산 Un volcan endormi / en sommeil 휴화산
114	**Volcanique** adj. 화산의	Cette montagne est d'origine volcanique. 이 산은 화산 폭발로 만들어진 산이다.
115	**La lave** n. f. 용암, 화산암	La lave a recouvert la plaine. 용암이 평야를 뒤덮었다.
116	**Une éruption** n. f. (화산의) 분화, 폭발 (용암 따위의) 분출	L'éruption du volcan en Islande a cloué les avions au sol pendant plusieurs jours. 아이슬란드 화산 폭발로 항공기들이 며칠간 지상에 묶여 있었다. 동의어 Une explosion 폭발
117	**Exploser** v. 폭발하다	Un volcan sous-marin a explosé, et cette éruption volcanique a provoqué un tsunami. 바다 속 화산이 폭발했고, 이 화산폭발로 쓰나미가 발생했다. 유의어 Éclater 폭발하다, 터져 나오다

Environnement

118	**Une sécheresse** n. f. 건조, 가뭄	La sécheresse qui touche ce pays est grave. 이 나라에 영향을 준 가뭄이 매우 심각하다.
119	**Sinistré(e)** adj. / n. 재난을 당한 / 이재민	Les sinistrés sont évacués par les pompiers. 소방관들이 이재민들을 대피시켰다.
120	**Ensevelir** v. 파묻다, 매몰시키다	L'avalanche a enseveli un village. 눈 사태가 마을을 뒤덮었다.
121	**Les décombres** n. m. pl. (무너진 건물의) 잔해, 파편	Tout est enseveli sous les décombres. 모든 것이 잔해 아래로 파묻혔다.

12

Emploi
일

Les emplois
직업

1	**Un emploi** n. f. 일자리 ; 고용	La suppression d'emplois augmente le chômage mais les entreprises sont obligées par le contexte économique de faire ainsi. 일자리 삭제는 실업률을 높이지만 경제적 상황으로 인해 기업에게는 다른 방도가 없다.
2	**Un métier** n. m. 직업	La vocation, c'est avoir pour métier sa passion. 소명이란 자신의 열정을 직업으로 삼는 것이다. 표현 Avoir pour métier qqc ~을 업으로 삼다
3	**Un job** n. m. 일, 아르바이트	Tout le monde veut avoir un bon job. Qu'est-ce qu'un bon job ? 모두가 좋은 직업을 갖고 싶어한다. 좋은 직업이란 뭘까?
4	**Un boulot** n. m. fam. 일	À cause du boulot elle ne voit pas souvent sa famille. 일 때문에 그녀는 가족을 자주 보지 못한다.

Emploi

5	**Un travail alimentaire** loc. n. m. 생계 노동 (열정 없이 돈벌이만을 위해 하는 일)	Faire un travail alimentaire nous permet, bien entendu, de gagner de l'argent. Mais il ne faut pas lui accorder trop de place sur votre CV. 생계를 위한 노동을 함으로써 돈을 벌 수는 있지만 이력서에서 너무 많은 자리를 차지해서는 안 된다.
6	**Une profession libérale** loc. n. f. 프리랜서, 자유직	Mes amis sont majoritairement de profession libérale. 내 친구 중 다수가 자유직에 종사한다.
7	**À plein temps** loc. adv. 풀타임 근무	De moins en moins de gens travaillent à plein temps. 풀타임으로 근무하는 사람들이 점점 더 줄어든다.
8	**À mi-temps/ À temps partiel** loc. adv. 파트타임 근무	Il doit faire un travail à temps partiel pour payer ses frais de scolarité. 그는 학비를 내기 위해 아르바이트를 해야 한다.
9	**Un(e) chômeur(euse)** n. m. / f. 실직자	Les chômeurs pointent à Pôle Emploi afin de continuer à toucher l'indemnité chômage. 실직자들은 실업급여를 받기 위해 고용청 앞에서 하염없이 기다린다. 반의어 Un(e) sans-emploi 실직자
10	**Un cadre** n. m. / f. 간부, 관리자	Les cadres sont les personnes les mieux payées dans les salariés mais ils restent touchés par le chômage. 간부들은 가장 높은 임금을 받는 사람들이지만 그래도 실업급여를 받는다.

11	**Intérimaire** adj. 임시의, 대리의 **Un(e) intérimaire(e)** n. m. / f. 임시직	Nous avons besoin d'un <u>intérimaire</u> pour remplacer l'employé en congé parental. 우리는 육아 휴직을 떠난 직원을 대신할 임시직원을 구해야 한다.
12	**Faire de l'intérim** **Travailler comme intérim** loc. v. 임시직으로 일하다	Une des solutions pour les jeunes en été est de <u>faire de l'intérim</u> et ainsi de se faire un peu d'argent de poche pour l'année suivante. 여름철 청년들이 이듬해에 쓸 용돈을 벌기 위해 찾는 해법 중 하나는 바로 비정규직으로 일하는 것이다.
13	**Agence d'intérim** loc. n. f. 임시직 고용센터	Les intérimaires sont inscrits dans différentes <u>agences d'intérim</u> afin d'être sûrs d'avoir toujours un travail qui leur soit proposé. 비정규직들은 일을 받기 위해 다수의 비정규직 고용센터에 등록되어 있다.
14	**Travailler sans relâche** loc. v. 쉼없이 일하다	Après une grosse semaine de <u>travail sans relâche</u>, j'aimerais me reposer tout le week-end. 일주일 동안 쉼없이 일했으니 주말 내내 쉬고 싶다.
15	**Travailler à la chaîne** loc. v. (공장)생산 라인에서 일하다	Avec l'amélioration des machines et notamment de l'IA, les travailleurs en usine s'inquiètent que ces dernières ne les remplacent dans le <u>travail à la chaîne</u>. 인공지능을 비롯한 기계가 발전하자, 공장 노동자들은 생산 라인 노동을 기계가 대체하는 것을 우려하고 있다.

Emploi

16. CDD (Contrat à Durée Déterminé)
loc. n. m.
한정 기간 계약 / 비정규직

J'espère que le CDD mènera à un CDI parce que je souhaite me poser un peu professionnellement pour un petit moment.
비정규직이 정규직으로 이어졌으면 한다. 잠깐이나마 직장이 안정되기를 바라기 때문이다

Il a obtenu un CDD dans cette entreprise.
그는 이 회사에 비정규직으로 취업했다.

17. CDI (Contrat à Durée Indéterminé)
loc. n. m.
무기한 계약 / 정규직

Le CDI est une condition *si ne qua none* pour obtenir de nombreux avantages dans la société comme un logement, un prêt et d'autres encore.
사회에서 주거, 대출 등 다양한 혜택을 누리기 위해서는 정규직이 필수이다.

18. Un travail au noir
loc. n. m.
불법 노동

Travailler au noir
loc. v.
불법으로 일하다

Malgré l'illégalité de la situation, beaucoup d'immigrants afin de pouvoir mettre du pain dans l'assiette doivent travailler au noir.
불법적인 상황이기는 하지만, 많은 이민자들이 생계를 위해 불법 노동을 감수한다.

19. Une réinsertion professionnelle
loc. n. f.
사회복귀, 재취업

Pour éviter l'exclusion définitive du marché du travail, il nous faut des programmes de réinsertion.
노동시장에서 완전히 배제되는 걸 막기 위해, 재취업 교육이 필요하다.

20. Un travail à domicile
loc. n. m.
재택 근무

Son travail à domicile lui permet de rester proche de ses enfants.
그는 재택 근무를 해서 아이들과 가까이 지낼 수 있다.

표현 Travailler à domicile 재택 근무하다

21	**Un travail à distance** loc. n. m. 원격 근무	Son boulot exige qu'il travaille souvent à distance. 그의 일은 잦은 원격 근무를 요구한다. Depuis la Covid-19, beaucoup de boulots de bureau se sont transformés en format hybride : une partie sur place et une autre en travail à distance. 코로나 이후로 많은 사무직이 하이브리드로 전환되었다. 하이브리드 근무란 일부는 현장에서 일하고, 일부는 원격으로 일하는 것을 말한다. 표현 Travailler à distance 원격 근무하다 동의어 Un télétravail 원격 근무, 재택근무 반의어 Travailler sur place 현장 근무하다
22	**Une préretraite** n. f. 조기 퇴직	La retraite anticipée ou préretraite est proposée à des âges différents selon l'âge auquel les employés ont commencé leur carrière. 조기 퇴직은 근로자가 근무를 시작한 나이에 따라 다르게 제안된다.
23	**Une retraite** n. f. 퇴직	Ma mère a obtenu sa retraite après trente-cinq ans de travail. 어머니는 35년 근속하고 퇴직했다. Départ à la retraite 은퇴 표현 Prendre sa retraite 은퇴하다 Partir à la retraite 은퇴하다

Emploi

24	**Cotiser** v. 연금을 붓다	Cotiser pour les jeunes n'est plus suffisant, car les caisses vont s'épuiser très rapidement. 연금이 빠르게 줄어들고 있어 청년들이 연금을 붓는 것으로는 충분하지 않다.
25	**Un(e) DRH** n. m. / f. 인사팀장	Le DRH a le dernier mot dans le processus d'embauche bien qu'il demande souvent l'avis d'autres cadres. 다른 간부들에게 의사를 묻기는 하지만 최종 인사 결정은 인사팀장이 내린다. *DRH = Directeur / Directrice des ressources humaines

Le droit du travail
노동권

26	**Une condition de travail** loc. n. f. 근무 조건	Les conditions de travail ne sont pas assez bonnes pour que j'accepte le poste. 그 직책을 수락할 만큼 근무 조건이 좋지 않다.
27	**Un congé** loc. n. m. 휴가	J'ai utilisé tous mes congés annuels. 나 연차 다 썼어. Le congé paternité reste un élément d'inégalité entre les hommes et les femmes puisqu'ils n'ont le droit, malgré une augmentation légère de leur temps en 2021, qu'à 25 jours. 아빠 육아 휴직은 2021 년 25 일까지로 소폭 증가하기는 했지만 여전히 성 불평등이 존재한다. Un congé parental 육아 휴직 Un congé maternité 엄마 육아휴직 Un congé paternité 아빠 육아휴직 Un congé (de) maladie 병가 Un congé payé 유급 휴가

Emploi

28	**Un syndicat** n. m. 노동조합	Le syndicat de cette entreprise participe à aider les employés de plusieurs manières, mais à la période de Noël ce sont souvent les chèques-cadeaux qui sont les bienvenus. 이 회사의 노조는 근로자들을 다양한 방법으로 돕지만, 크리스마스 시즌 환영받는 것은 아무래도 선물 쿠폰이다.
29	**Être syndiqué(e)** adj. 노조에 가입한	Grâce à son statut de syndiquée, ma mère a plusieurs avantages dans l'entreprise, surtout une aide inconditionnelle en cas de litige avec son boss. 노조 가입자 신분인 덕분에 나의 어머니는 회사에서 여러 장점을 누릴 수 있었다. 그 중에는 특히 상사와의 갈등 시 무조건적 도움일 받을 권리도 있다.
30	**Un(e) syndicaliste** n. m. / f. 노조 가입자	Les syndicalistes sont le cauchemar des patrons car ils sont très difficiles à manœuvrer. 노조 가입자들은 다루기 매우 어려워서 사장들에게는 악몽과 같다.
31	**Une grève** n. f. 파업	La grève est un droit sacré pour les Français. 프랑스인들에게 파업은 신성한 권리이다.
32	**Un(e) gréviste** n. m. / f. 파업 노동자	Les grévistes se sont rassemblés autour du piquet de grève central afin de rendre visible leurs réclamations. 파업 노동자들은 그들의 요구를 더 잘 알아볼 수 있도록 중앙 파업 피켓 옆으로 모였다.

33	**Faire la grève** **Se mettre en grève** loc. v. 파업에 들어가다	Les cheminots font régulièrement la grève. 철도 노동자들은 주기적으로 파업을 한다. Les syndicats se mettent en grève. 노조가 파업에 돌입한다. Le personnel médical des hôpitaux, et surtout les infirmiers et infirmières, se sont mis en grève pour faire valoir leur droit à de meilleures conditions de travail et surtout de salaire. 더 나은 근무 조건과 임금을 누릴 권리를 요구하며 병원의 의료진, 그 중에서도 간호사들이 파업에 나서고 있다.
34	**Une revendication** n. f. 요구	Les revendications des employés sont incompréhensibles à cause de l'utilisation du mégaphone. 메가폰 사용 때문에 근로자들의 요구가 들리지 않는다.
35	**Négocier** v. 협상하다	Il faut savoir négocier son salaire notamment lorsqu'on peut justifier d'une grande expérience. 자신의 경험을 인정받기 위해서는 임금을 협상할 줄 알아야 한다.
36	**Une négociation** n. f. 협상	Les négociations entre les différents partis, salariés-patron, ont continué jusqu'à tard dans la nuit mais les conclusions n'en sont pas encore sorties. 다양한 이해당사자, 근로자-사장 간의 협상이 밤 늦게까지 지속되었지만 아직 결론이 나지 않았다.

Emploi

37	**Une création d'emplois** loc. n. f. 고용 창출 일자리 창출	En fin d'année, Pôle Emploi donne des chiffres quant à la création d'emplois et au taux de chômage pour faire un bilan. 연말이면 고용청은 결산을 위해 고용 창출 및 실업률 관련 수치를 공개한다.
38	**Une suppression d'emplois** loc. n. f. 일자리 삭제	Les effets d'une suppression d'emplois draconienne se sont ressentis dans toute la région. 대량 일자리 삭제의 여파가 지역 전반에서 감지되고 있다.

Les étapes de l'emploi
직장 생활

| 39 | **Une candidature**
loc. f.
지원 | Je me permets de vous contacter afin de vous soumettre ma candidature au poste de manager marketing dans votre entreprise.
귀사의 마케팅 매니저직에 지원하기 위해 연락 드립니다. |

| 40 | **Poser sa candidature**
loc. v.
지원하다 | J'ai posé ma candidature sur plusieurs postes à la fin de mes études mais je n'ai eu que peu de réponses.
학업이 끝날 때쯤 여러 자리에 지원했지만 답은 거의 받지 못했다.

동의어 Soumettre sa candidature, Candidater, Postuler 지원하다 |

| 41 | **Un(e) candidat(e)**
n. m. / f.
지원자 | Les candidats doivent attendre leur tour dans la salle d'attente.
지원자들은 대기실에서 차례를 기다려야 한다. |

Emploi

42	**Qualifié(e)** adj. 적임의, 자격을 갖춘	Je recherche quelqu'un de très qualifié pour cet emploi, les responsabilités sont trop importantes pour le confier à quelqu'un de moins compétent. 이 직무를 위해 매우 높은 자격을 갖춘 사람을 찾고 있다. 역량이 낮은 사람에게 이 일을 맡기기에는 책임이 막중하다.
43	**Un contrat de travail** loc. n. m. 계약서	Avant de signer un contrat de travail, l'employeur a l'obligation d'expliquer tous les détails à son futur employé. 고용 계약을 체결하기 전에 고용주는 미래의 직원에게 모든 세부 사항을 설명할 의무가 있다.
44	**Employer** v. 고용하다	Elle va employer une personne à temps plein et une autre à temps partiel. 그녀는 풀타임으로 일할 사람 한 명과 파트타임으로 일할 사람 한 명을 고용할 것이다.
45	**Embaucher** v. 채용하다	Embaucher sans distinction de sexe, de race, d'âge. 성별, 인종, 나이 구분 없이 채용하다
46	**Engager** v. 고용하다	La promesse d'emploi est un papier qui signe l'engagement de l'employeur envers le futur employé à l'engager. 고용 약속은 고용주가 미래의 직원에게 하는 채용 약속을 승인하는 서류이다.
47	**S'engager** 약속하다, 의무를 지다 ; 고용되다	Je m'engage à tenir cette promesse. 나는 이 약속을 지킬 의무가 있다.

48	**Gérer / Mener / Diriger une équipe** loc. v. 팀을 이끌다	Cette nouvelle promotion s'accompagne de nouvelles responsabilités notamment je vais devoir gérer une petite équipe d'une quinzaine de personnes. 이번 승진은 앞으로 열다섯 명 정도 규모의 소규모 팀을 이끌기 위한 새로운 책임감이 따른다.
49	**Obtenir une promotion** loc. v. 승진하다	Je travaille dur depuis des mois sur de nombreux projets afin d'obtenir une promotion. 나는 승진을 위해 몇 달 전부터 다양한 프로젝트를 열심히 수행하고 있다.
50	**une prime** n. f. 보너스	Certaines entreprises offrent une prime de Noël, ou prime de fin d'année si les performances ont été bonnes. 몇몇 기업들은 성과가 좋았을 경우 크리스마스 보너스나 연말 보너스를 제공한다.
51	**Un arrêt de travail** loc. n. m. 병가 ; 휴가	Mon frère s'est cassé la jambe aux sports d'hiver, il ne peut pas retourner au travail et son médecin a signé son arrêt de travail jusqu'à guérison complète. 우리 형은 겨울 스포츠를 하다 다리가 부러졌는데 의사는 완전히 회복할 때까지 일을 하지 못하도록 병가 신청서를 내주었다.
52	**Une démission** n. f. 퇴사	J'ai déposé ma démission ce matin. 오늘 아침에 사표를 제출했다.

Emploi

53	**Démissionner** v. 퇴사하다	Je compte démissionner en début d'année pour recommencer à neuf. 나는 올해 초에 사직하고 새로운 일을 시작할 계획이다.
54	**Un préavis** n. m. 사전 통지	Je dois donner un préavis de 6 mois avant de demander une mutation. 나는 업무 이동을 요청하기 6 개월 전에 통지해야 한다.
55	**Un licenciement** n. m. 해고	Une indemnité de licenciement 실업수당
56	**Licencier** v. 해고하다	Je me suis fait licencier après le changement de direction. 경영진이 바뀌고 나는 해고 당했다. 동의어 Renvoyer, Virer (fam.) 해고하다
57	**Mettre (qqn) à la porte** loc. v. fam. 자르다	Il a été mis à la porte sans plus de façon. 그는 별다른 이유 없이 잘렸다.
58	**Chômer** **Être en chômage** v. / loc. v. 실직하다	Depuis la création de son entreprise, mon ami n'a pas chômé et continue à travailler jusqu'à tard pour la développer. 내 친구는 회사를 창립한 이후로 논 적이 없고 회사를 키우기 위해 늦게까지 일한다.
59	**Perdre son job** loc. v. fam. 실직하다	Il a perdu son job depuis janvier, il est en recherche mais c'est difficile. 그는 1월에 직장을 잃고 일을 찾고 있지만 어렵다.

60	**Un chômage** n. m. 실직, 실업	Par rapport à l'année dernière, le chômage a augmenté de cinq pour cent. 지난해 대비 실업이 5% 늘었다.
61	**Créer sa boîte** loc. v. fam. 창업하다	Depuis qu'il a créé sa boîte, il est vraiment heureux malgré la somme de boulot. 회사를 창립한 이후, 많은 업무량에도 그는 행복해한다.
62	**Être sur la paille** loc. v. 쫄딱 망하다	L'entreprise a eu de nombreux problèmes financiers, elle sera bientôt sur la paille et devra mettre la clé sous la porte. 그 회사는 갖은 경영난을 겪고 있어서 곧 망하고 열쇠를 반납해야 할 것이다.
63	**Faire faillite** loc. v. 파산하다	Plusieurs grandes entreprises de la mode ont fait faillite et ont donc dû mettre à la porte de nombreux employés. 대형 패션 회사들이 파산하는 바람에 다수의 직원들을 해고해야만 했다.
64	**Déposer le bilan** loc. v. 파산 신청하다	Légalement lorsqu'une entreprise fait faillite, elle doit déclarer et déposer le bilan. 법적으로 기업이 파산할 시에는 파산을 신청을 해야 한다.

Emploi

Les locutions et expressions

관용 표현

65	**Gagner son pain Gagner sa croûte Mettre du pain dans l'assiette** loc. v. 밥벌이하다	Beaucoup de jeunes prennent un premier emploi qui ne leur plaît pas vraiment mais il faut bien gagner sa croûte et avoir une première expérience. 많은 젊은이들이 첫 직업으로 마음에 들지 않는 일을 한다. 밥벌이와 첫 직장 경험을 쌓기 위해서는 어쩔 수 없다.
66	**Travailler d'arrache-pied Travailler sans relâche** loc. v. 열심히 일하다	La dead-line est demain, mais il a seulement complété 50% du projet. Il va falloir qu'il travaille d'arrache-pied pour tout finir à temps. 내일이 마감인데 프로젝트의 50%밖에 완성하지 못했다. 기한을 맞추려면 열심히 일해야 할 것이다.
67	**Bosser comme un(e) ouf** loc. v. 미친 사람처럼 일하다	Ma collègue est « employée du mois » mais elle bosse tellement comme une ouf que c'est mérité. 내 동료는 '이달의 사원'인데 정말이지 미친 사람처럼 일하기 때문에 그럴 만하다.
68	**Avoir du pain sur la planche** loc. v. 할 일이 많다, 산더미이다 (도마에 썰어야 할 빵이 있다)	Pour finir ce livre, la mise en page et finalement sa présentation, on a du pain sur la planche. 책을 끝내기 위해서는 편집과 소개가 남아있다. 할 일이 한참 남았다.

69	**Mettre du cœur à l'ouvrage** loc. v. 성심껏 일하다	Elle s'applique tellement que ça fait plaisir à voir. Il est rare de nos jours de voir quelqu'un autant mettre du cœur à l'ouvrage. 그녀가 열심히 일하는 모습이 보기 좋다. 요즘에는 성심껏 일하는 사람을 보기가 어렵다.
70	**Un travail de Titan** **Un travail titanesque** loc. n. m. 거창한 일, 엄청난 일	Tu ne te rends pas compte de l'ampleur de la tâche que tu me donnes : c'est un travail de Titan ! 네가 나한테 주는 일이 얼마나 큰지 모르지? 정말 큰 일이라고! *Un Titan 거인
71	**Métro, boulot, dodo** loc. n. (지하철, 일, 잠) 쳇바퀴 돌듯 반복되는 일상	À Paris, la vie c'est vraiment « métro, boulot, dodo » : un cycle infernal qui ne s'arrête jamais ! 파리에서의 삶은 정말이지 '지하철, 일, 잠'의 연속이다. 절대 멈추지 않는 지옥의 쳇바퀴 같다!
72	**Être débordé(e)** loc. v. 눈코 뜰 새 없이 바쁘다	À la période de Noël et durant les fêtes de fin d'année, les comptables sont tous très débordés car ils doivent boucler les comptes de l'année. 크리스마스 시즌과 연말에는 회계사들이 눈코 뜰 새 없이 바쁜데, 연말 결산을 해야 하기 때문이다.
73	**Faire un burn-out** loc. v. 번아웃을 겪다	Elle est en congé maladie pendant quelques mois car elle a fait un burn out. 번아웃을 겪은 그녀는 몇 달간 병가를 떠났다.

Emploi

74. Un surmenage
n. m.
과로, 혹사, 무리

À force de passer beaucoup de temps au travail sans pour autant recevoir de compliments sur son implication ou son travail, tout employé peut être sujet au surmenage.
정성과 일에 대한 칭찬도 받지 못한 채 너무 많은 시간을 회사에서 보내면서, 모든 직원들이 혹사당할 위험에 있다.

75. Mettre qqn à la porte
loc. v.
해고하다

Cette entreprise a fait faillite et a dû mettre à la porte de nombreux employés.
이 회사는 파산해서 많은 직원을 해고해야만 했다.

76. Un inspecteur des travaux finis
loc. n. m.
끝난 일에 대해 이래라 저래라 하는 사람

Ce gars-là m'énerve ! C'est vraiment un inspecteur des travaux finis ! Il ne sait que faire des commentaires et des critiques alors qu'il n'a rien foutu !
저 자식은 정말 짜증난단 말이지! 일이 끝나서야 꼭 이래라 저래라 하지! 아무것도 안 해놓고 평가나 비판만 할 줄 알고 말이야!

77. Être pistonné / Avoir un piston
loc. v.
낙하산을 타다

En France comme beaucoup de pays, le piston est un moyen très répandu d'obtenir un meilleur poste dans une entreprise.
다른 나라들과 마찬가지로 프랑스에서 낙하산은 회사에서 좋은 직무를 얻기 위한 방법으로 널리 퍼져 있다.

78. Être au four et au moulin
loc. v.
화덕과 풍차 사이를 오가다
= 여러 가지 일을 하느라 정신 없이 바쁘다

Il faut que tu arrêtes d'être au four et au moulin en même temps, tu finis par n'avoir qu'un travail à moitié-fait.
그렇게 여러 일 좀 동시에 하지 마. 그러다 반쪽짜리 일을 하게 될 걸.

79	**Avoir du métier** **Avoir de la bouteille** loc. v. 능숙하다	Maintenant que cela fait 50 ans qu'elle est dans l'industrie, il est indéniable qu'elle a du métier. 한 분야에서 50 년을 일한 그녀가 그 일에 능숙하다는 사실은 부정할 수 없다.
80	**Une déformation professionnelle** loc. n. f. 직업병	Tous les professeurs souffrent d'une légère déformation professionnelle et ne peuvent s'empêcher d'enseigner même en dehors des heures de cours. 모든 교사들은 가벼운 직업병을 앓고 있어서 수업 시간 외에도 계속해서 가르치려 한다.
81	**Avoir la gueule de l'emploi** loc. v. 직업대로 생기다 (외모만 보고 어떤 직업을 하는지 유추할 수 있다)	Avec son petit ventre, ces bottines Timberland et son jean tombant, il a vraiment la gueule de l'emploi : il ne pouvait pas être autre chose que plombier. 그의 볼록 나온 배와 팀버렌드 부츠, 줄줄 내려오는 청바지를 보아하니 무슨 일을 하는지 알겠어. 배관공이 아니고 뭐겠어!

Emploi

Le salaire
급여

82	**Verser un salaire** loc. v. 급여를 지급하다	Les employeurs sont dans l'obligation de verser le salaire à leurs employés à la même date tous les mois. 고용주는 매월 동일한 날에 직원에게 급여를 지급할 의무가 있다.
83	**Une paie** n. f. 급여	Recevoir sa paie est le plaisir de tous les employés en début ou en fin de mois. 월초나 월말에 급여를 받는 일은 모든 직장인들의 기쁨이다.
84	**Un bulletin de paie** **Une fiche de paie** n. m. / n. f. 월급 명세서	Chaque employé est tenu de bien regarder son bulletin de paie et de le garder quelques années afin d'éviter les erreurs ou les problèmes dans les déclarations d'impôt. 모든 직원은 자신의 월급 명세서를 주의 깊게 보고, 소득 신고에서 문제가 생길 것에 대비해 몇 년간 보관한다.

85	**Le SMIC** n. m. 최저임금	En 2023, le SMIC a augmenté de 1,8%. Il atteint 1,353 euros nets par mois. 2023 년 최저임금은 1.8% 상승해서 세전 월 1,353 유로이다.
86	**Toucher le SMIC** loc. v. 최저임금을 받다	Malgré ses efforts au travail, il doit toujours toucher le smic. 열심히 일하는데도 그는 여전히 최저임금을 받는다.
87	**Toucher le chômage** loc. v. 실업수당을 받다	Après avoir travaillé 6 mois en CDD, il peut toucher le chômage. 비정규직으로 6 개월 일하면 그는 실업수당을 받을 수 있다.
88	**Le RSA (Revenu de Solidarité Active)** n. m. 경제 연대 급여	La France a décidé par le RSA de soutenir les personnes qui ont besoin d'une aide financière du fait de leur situation précaire sous conditions qu'ils aient déjà préalablement travaillé. 프랑스는 경제 연대 급여 통해 임금이 낮고 어려운 상황에 놓인 이들을 기존에 일한 경험이 있을 경우 지원하기로 결정했다.
89	**Faire des heures supplémentaires** loc. v. 추가 업무를 하다	Mon petit-ami passe son temps dans son entreprise et fait beaucoup d'heures supp pour pouvoir gagner un peu plus d'argent. 내 남자친구는 회사에서 많은 시간을 보내며 더 많은 돈을 벌기 위해 많은 시간을 보낸다.
90	**La RTT (Réduction du temps de travail)** n. f. 초과 근무에 따른 휴가	Puisque j'ai fait beaucoup d'heures supp ce mois-ci, j'ai aussi pas mal de RTT à utiliser. 이번 달에 초과 근무를 많이 해서 휴가도 많이 쌓였다.

Emploi

91 **Les frais de déplacement**
loc. n. m
출장비, 이동비

Lorsque les employés habitent loin de leur entreprise, ils peuvent négocier dans leur contrat la prise en charge par cette dernière des frais de déplacement.
직원들이 회사에서 멀리 거주할 경우, 계약서에서 이동비를 협상해볼 수 있다.

13

Connecteurs logiques
접속사

Introduire
도입

1	**Dans un premier temps** 우선, 먼저	Dans un premier temps, il est nécessaire de s'attarder sur plusieurs points afin de définir les enjeux du sujet. 우선, 이 문제를 정의하기 위해 여러 가지를 고찰할 필요가 있다.
2	**En premier lieu** 우선, 먼저	Cela exige en premier lieu des conditions de travail favorables pour les travailleurs. 먼저 이는 노동자를 위한 노동 조건을 요구한다.
3	**Premièrement** 첫째로	Premièrement, je souhaite mentionner les différents éléments qui composent le harcèlement scolaire. 첫째로 학교 폭력을 구성하는 다양한 요소에 대해 말하고자 한다.
4	**Avant de commencer** 시작하기 전에	Avant de commencer mon exposé, laissez-moi vous expliquer mon intérêt pour ce sujet. 발표를 시작하게 전에 제가 이 주제에 얼마나 관심을 가지고 있는지를 설명하고 싶습니다.
5	**De prime abord** 언뜻 보기에	De prime abord l'écologie semble être un sujet qui touche tout le monde. Cependant ce n'est pas le cas. 언뜻 보기에는 모두가 환경 문제에 관여하는 듯 보이지만 사실은 그렇지 않다.

Connecteurs logiques

6	**Pour commencer** 시작하기에 앞서	Pour commencer, il est important de noter que les adolescents sont des adultes à part entière quoique pas encore complètement matures. 시작하기에 앞서, 청소년들은 성인이나 다름없지만 완전히 성숙하지는 않았다는 사실을 기억해야 한다.
7	**Je commencerai par + inf.** ~로 시작하다	Je commencerai par dire que les peines encourues par les violeurs en France ne sont pas suffisantes au vu de leurs exactions. 프랑스 강간범들의 처벌 수준이 그들이 행한 범죄 수준에 미치지 않는다는 사실을 밝히며 시작하려 합니다.

Ajouter des arguments
의견 덧붙이기

8	**Deuxièmement** 둘째로 (premièrement, troisièmement 등과 같이 순서를 나타냄)	Deuxièmement, les jeunes cherchent à se socialiser mais de façon multimodale, utilisant les différentes plateformes en ligne en plus des anciennes méthodes. 둘째로, 청년들은 과거의 방식은 물론, 온라인 플랫폼 등 다양한 방법을 이용해 사람을 사귀려 한다.
9	**Dans un deuxième temps** 그 다음으로	La guerre a un impact humain sévère sur le développement d'un pays. Et dans un deuxième temps, à l'international, elle a aussi un impact économique. 전쟁은 국가의 발전에 심각한 인명 피해를 가져온다. 그 다음, 세계에 경제적 여파를 미친다.
10	**De plus** 또한, 게다가	Les adolescents sont sujets à des développements majeurs qui chamboulent leur vie et leurs perceptions. De plus, les relations vis-à-vis de la société et de l'autorité se trouvent souvent sous tension ce qui les poussent à aller vers des extrêmes. 청소년들은 인생과 사고방식을 송두리째 흔드는 성장을 겪게 된다. 게다가 사회와 권력과 긴장 관계에 놓이며 좌충우돌한다.
11	**De surcroît** 또한, 더욱이 (de plus 보다 격식 있는 표현)	Les énergies vertes sont de plus en plus plébiscitées par les grandes organisations non-gouvernementales écologistes. Elles montrent qu'elles sont bonnes pour lutter contre le réchauffement climatique, de surcroît, ces énergies ne produisent pas de déchets difficiles à traiter.

Connecteurs logiques

		환경 NGO 는 친환경 에너지를 압도적으로 선호하는 추세이다. 기후 온난화에 대응하기 위해 효율적일 뿐 아니라, 처리가 어려운 폐기물을 발생시키지 않는다는 점을 꼽는다.
12	**Mais ensuite** **Mais encore** 게다가, ~뿐 아니라	Les nouveaux employés font de nombreuses erreurs qui doivent être corrigées par leurs collègues. Ils sont excusés par leur manque d'expérience, mais ensuite ils doivent tout de même présenter leurs excuses pour les problèmes créés. 신입 직원들은 실수가 잦으며, 동료들은 실수를 바로잡아 주어야 한다. 경험이 부족하다며 핑계를 댈 수 있지만, 그래도 이후에 벌어진 실수에 대해 사과해야 한다. La violence des événements qui a marqué les esprits l'année dernière rend la situation difficile à gérer auprès des populations, mais encore plus urgente. 작년에 많은 이들에게 충격을 준 사건의 폭력성 때문에 사람들이 이 상황을 이해하기가 어렵고, 거기다 상황을 더욱 급박하게 만든다.
13	**En outre** 또한, 게다가 (en plus 의 격식체)	La responsabilité d'un professeur est de donner un enseignement de qualité à ses élèves. En outre, il prend aussi en charge une partie de la responsabilité du bien-être de ces derniers à l'école. 교사의 의무는 학생에게 양질의 교육을 하는 것에 있다. 또한 교사는 학교에서 학생 복지도 일부 책임을 져야 한다.
14	**Pour continuer** 이어서	Pour continuer, je pense qu'il est important de nuancer mon précédent propos. 이어서, 나는 앞서 말한 주장에 미묘한 변화를 줄 필요가 있다고 생각한다.

15	**J'ajouterai que …** 덧붙이자면	Les politiques manipulent la population. J'ajouterai même qu'ils profitent de leur connaissance de la rhétorique pour tromper leur opinion. 정치인들은 국민을 조종한다. 덧붙이자면, 그들은 수사를 이용해 여론을 조작하기까지 한다.
16	**À cela s'ajoute …** ~뿐만 아니라, ~인 데다가	Le gouvernement actuel n'est déjà pas très populaire mais à cela s'ajoute un grand nombre de lois qui ont soulevées l'opinion publique. 현 정부는 인기가 없는데다, 여러 법이 여론을 자극했다.
17	**Par ailleurs** 더구나, 한편	Je refuse de faire un travail pour lequel je ne suis pas rémunéré correctement. Par ailleurs, j'apprécierais que le travail que j'effectue, soit reconnu à sa juste valeur. 나는 보수를 제대로 받지 못하는 일은 하고 싶지 않다. 한편, 내가 하는 일이 정당한 대가를 받기를 바란다.
18	**Mais également** 또한, ~뿐더러	Lorsqu'on se fait percer les oreilles ou qu'on se fait tatouer, on doit sérieusement réfléchir si on est prêt à l'avoir sur le corps pour le reste de sa vie mais également avoir vérifié qu'on n'avait aucune allergie. 귀에 피어싱을 하거나 타투를 할때, 몸에 평생 남을 것을 할 자신이 있는지 깊이 생각해야 할 뿐더러, 알레르기가 없는지도 확인해야 한다.

Connecteurs logiques

19	**D'une part** **D'autre part** ~ 다른 한편으로는 (상충, 보완 등 두 가지 의견을 제시할 때)	D'une part, l'avancée des travaux dans les villes est encourageante mais d'autre part, les travaux créent des bouchons qui amplifient la pollution de l'air en ville. 도시 공사의 진척 상태는 고무적이지만, 다른 한편으로는 공사로 인한 교통 정체가 발생함에 따라 도시 대기 오염이 심해진다.
20	**De même** 마찬가지로	Les gouvernements signent de plus en plus de traités sur la réduction de la pollution et le contrôle de leur empreinte carbone. De même, nous devons en tant qu'individus être responsables de l'écologie et faire avancer la cause à notre propre échelle. 환경 오염 감소와 탄소발자국 감축을 목표로 정부는 갈수록 많은 조약을 성사시키고 있다. 마찬가지로, 개인들은 환경에 책임을 가지고 우리의 차원에서 이러한 대의를 실천해야 한다.

Conclure
결론 짓기

21	**Bref** (fam.) 한 마디로	Bref, la protection de notre patrimoine bien qu'aidée par le gouvernement nécessite la participation des citoyens et le respect des lieux publics. 한 마디로, 정부의 지원에도 불구하고 우리의 문화유산을 보호하기 위해서는 시민들의 참여와 공공장소에 대한 존중이 필요하다.
22	**En bref** 간략히 말하자면 (Bref 의 격식체)	En bref, ce que nous tenons à transmettre aux enfants est une éducation positive visant à l'autonomie. 간략히 말하자면, 우리가 아이들에게 전하고자 하는 것은 자립을 지향하는 긍정적 교육이다.
23	**Pour terminer** 마지막으로, 끝내기에 앞서	Pour terminer, il me tient à cœur d'ajouter que notre entreprise est végan et que toute la production est basée en France. 마지막으로, 우리 회사는 비건을 지향하고 있으며, 모든 생산이 프랑스에서 이루어진다는 것을 강조하고 싶다.
24	**Pour finir** 마지막으로, 끝내기에 앞서	Pour finir, nous aimerions que vous reconnaissiez que vous avez connaissance des dangers encourus par l'utilisation des pesticides dans votre maison. 끝내기에 앞서, 가정에서 농약을 사용할 때 발생하는 위험에 대해 알고 계셨으면 합니다.
25	**En fin de compte** 결국, 마침내 ; 아무래도	En fin de compte, vous n'avez pas l'air de vraiment savoir de quoi vous parlez. 아무래도, 당신은 무슨 말을 하고 있는지도 모르는 것 같네요.

Connecteurs logiques

26	**Je terminerai par / en disant que** 끝으로	Je terminerai par souligner l'importance de la coopération des différentes instances de justice afin que les lois soient correctement mises en place. 끝으로 사법 기관 간의 협력이 중요하며, 이를 통해 법이 바르게 서야 한다는 사실을 강조하고자 한다.
27	**En définitive** 최종적으로, 결국	Il apparaît, en définitive, qu'une petite quantité de variables suffit à expliquer les grands changements de la société. 결국, 사소한 변수가 사회에 큰 변화를 가져오기에 충분하다는 사실을 알 수 있다.
28	**En peu de mots** **En quelques mots** 한 마디로, 간단히 말해	En peu de mots, ce diamant est le plus rare, le plus gros, le plus délicat et le plus cher jamais trouvé dans la nature. 간단히 말하면, 이 다이아몬드는 자연에서 발견된 것 중 가장 희귀하고 큰데다 섬세하고 비싼 것이다. Pouvez-vous expliquer, en quelques mots, votre conclusion ? 여러분의 결론을 몇 마디로 설명해주실 수 있나요?
29	**Pour faire simple** 간단히 말해	Pour faire simple, la planète Terre atteindra bientôt l'époque du non-retour. 간단히 말해, 지구는 곧 돌이킬 수 없는 시기에 접어들 것이다.
30	**En clair** 명확하게 말해	En clair, la progression de carrière devrait avoir lieu de manière régulière et sous la forme de promotion ou d'augmentation notamment pour récompenser la fidélité des employés. 명확하게 말하자면, 직원들의 충성에 답하기 위해서는 주기적으로 승진과 급여 인상을 통한 커리어 발전이 있어야 한다.

Donner des exemples
예시 들기

31	**À titre d'exemple** 예를 들어 (Par exemple 의 격식체)	Citons, à titre d'exemple, l'aide qu'apporte le gouvernement aux étudiants au travers des bourses ou des aides sociales. 정부가 장학금과 복지 지원을 통해 제공하는 도움을 예로 들어보자.
32	**Par exemple** 예를 들어	Les produits sanitaires dangereux par exemple, l'eau de Javel, les agents de blanchissements, les produits ménagers doivent être placés hors de portée des enfants. 예를 들어, 락스나 표백제, 청소 용품 등 위험한 위생 용품은 아이들의 손이 닿지 않는 곳에 보관해야 한다.
33	**En effet** 실제로 ; 예를 들어, 가령	En effet, cette offre représente une grande opportunité pour notre entreprise. Cependant nous devons y réfléchir. 실제로, 본 제안은 우리 회사에 중요한 기회이다. 하지만 심사숙고해야 한다.
34	**C'est le cas pour** 일례로, ~이 그렇다,	Le harcèlement scolaire est puni par la loi, comme ce fut le cas pour les récentes affaires qui ont secouées la France et les Français par leur violence. 학교 폭력은 법으로 처벌받는다. 그 예로 최근 벌어진 사건의 폭력성으로 프랑스를 뒤흔들었다.
35	**Entre autres** 그 중에서도 등등, 기타	Le projet, entre autres, porte sur l'égalité et l'équité des chances et de rémunération entre tous les employés.

Connecteurs logiques

		그 중에서도 이 프로젝트는 모든 직원에 대한 기회의 평등과 공정, 그리고 보상에 대해 다룬다.
36	**En particulier** 특히	Le professeur s'est arrêté sur la grammaire en particulier afin de bien comprendre le texte. 교사는 글을 이해하기 위해 문법에 관심을 기울였다.
37	**Effectivement** 실제로	S'il y a effectivement des raisons, mais qu'il ne peut pas les justifier directement alors il devra tout de même répondre de ses actes devant la justice. 실제로 이유가 있기는 하나 직접적으로 표명할 수 없을 경우, 그는 자신의 행동에 대해 법적인 책임을 져야 한다.
38	**On peut le voir ...** ~를 통해 볼 수 있다	Les données montrent que les jeunes ne veulent plus d'enfants. On peut le voir avec la baisse de la natalité de manière générale dans les pays riches du monde. 데이터에 따르면 젊은이들은 더이상 아이를 가지고 싶어하지 않는다. 세계 최부국에서는 일반적으로 출생률이 감소하는 것을 볼 수 있다.
39	**Notamment** 특히	L'artiste est très connu notamment pour ses œuvres après-guerre très sombres. 이 예술가는 특히 전쟁 이후의 어두운 작품으로 잘 알려져 있다.
40	**En somme** 요약하면	En somme, nous pouvons dire que cette réunion est concluante puisque nous avons dessiné un accord mais nous devons encore décider des détails. 요약하자면, 합의안을 도출했기 때문에 성사된 회의라고 볼 수 있지만, 세부 내용을 결정이 남아있다.

L'expression du but

목적

41 Pour + inf.
~하기 위해

Pour ne pas + inf.
~하지 않기 위해

Pour que + subj.
~하기 위해

Je viens pour te voir ! Tu m'as manqué depuis la dernière fois qu'on s'est vu !
널 보러 왔어! 지난 번에 본 뒤로 네가 너무 보고 싶었거든!

Pour ne pas faire de bourdes et mettre les pieds dans le plat, je préfère attendre que les gens me parlent et je ne pose pas trop de questions.
사소한 실수를 피하고 상황이 어색해지지 않도록 나는 사람들이 내게 말을 걸 때까지 기다리고 질문을 많이 하지 않는 편이다.

Il faut bien soigner son écriture pour que les professeurs puissent lire les examens.
교수님들께서 시험지를 읽을 수 있도록 글씨를 정갈하게 써야 한다.

42 Dans le but de + inf.
~을 목적으로, ~기 위해

Lors des examens, certains jurys auront des comportements un peu spéciaux, mais ils ne font ça que dans le but de vous déstabiliser.
시험에서 면접관들을 약간 특이한 행동을 하지만, 그건 모두 여러분을 당황 시키기 위한 것이다.

43 Dans l'intention de + inf.
~을 목적으로

Dans l'intention d'obtenir une promotion, elle lèche les bottes de son patron depuis quelques mois.
승진을 위해 그녀는 몇 달 전부터 사장의 비위를 맞춘다.

Connecteurs logiques

44	**En vue de + inf.** ~하도록	Je suis partie en France en vue d'améliorer mon niveau de français. 나는 프랑스어 실력을 향상시킬 수 있도록 프랑스로 떠났다.
45	**De manière à + inf.** ~하도록 **De manière à ce que + subj.** ~할 수 있도록	De manière à bien réussir les examens, il faut travailler régulièrement. 시험을 잘 보도록 꾸준히 공부해야 한다. J'ai l'impression que tu agis ainsi exprès, de manière à ce que je m'énerve. 너 내가 화나게 하려고 일부러 그러는 것 같아.
46	**Afin de + inf.** ~하기 위해 **Afin que + subj.** ~하도록, ~려고	Les traducteurs sont présents afin de donner la meilleure version possible de la traduction aux ambassadeurs des différents pays invités. 번역가들은 각국의 대사들에게 최상의 번역을 제공하기 위해 존재한다. J'ai répété l'explication afin que les élèves comprennent bien ce point de grammaire. 학생들이 이 문법을 잘 이해하도록 나는 거듭 반복해서 설명했다.
47	**De sorte de + inf.** ~하도록, ~하기 좋게 **De sorte que + subj.** ~하도록, ~하기 좋게	J'ai toujours fait en sorte de pouvoir subvenir aux besoins de ma famille. 나는 늘 가족들이 필요로 하는 것을 충족시키기 위해 노력해 왔다. L'entreprise engage de nouvelles recrues de sorte que le travail soit mieux réparti et puisse être terminé en temps et en heure. 기업은 업무 분장을 더 고르게 하고, 시일에 맞춰 완료할 수 있도록 새로운 인재를 채용한다.

48	**De peur de + inf.** ~할까 두려워 **De peur que + subj.** ~할까 두려워	De peur de blesser mon ami, je n'ai rien dit quant à la décoration de sa maison pour Noël car il y avait mis beaucoup d'efforts. 친구에게 상처를 줄까 두려운 마음에, 나는 친구네 집 크리스마스 장식에 대해 아무 말도 하지 않았다. 그가 많은 노력을 들였기 때문이다.
49	**De crainte de + inf.** ~할까 두려워 **De crainte que + subj.** ~할까 두려운 마음에	La direction de l'entreprise a mis en place de nouvelles mesures favorables aux employés de crainte que ces derniers ne fassent grève en pleine saison. 기업 경영진은 직원들이 성수기에 파업하지 못하도록 직원들에게 호의적인 조치를 새롭게 시행했다.

Connecteurs logiques

L'expression de la cause
원인

50	**À cause de + nom** ~ 때문에, ~로 인해	L'entreprise a fait faillite à cause d'un mauvais investissement en bourse. 그 기업은 잘못된 주식 투자로 파산했다.
51	**Être la cause de + nom** ~의 원인을 제공하다	L'intervention du président est la cause des agitations politiques et sociales dans le pays. 대통령의 개입이 그 국가의 정치 사회적 혼란의 원인을 제공했다.
52	**Grâce à + nom** ~ 덕분에	Grâce à l'aide bénévole et aux dons, cet hiver sera plus doux pour les SDF de France malgré le froid. 자원봉사와 기부 덕에 프랑스 노숙자들은 추위에도 따뜻한 겨울을 날 것이다.
53	**Sous prétexte de + nom** ~을 핑계로 **Sous prétexte que + ind.** ~을 핑계삼아	Sous prétexte de ne pas avoir le temps, cet élève ne fait jamais ses devoirs. 이 학생은 시간이 없다는 핑계로 과제를 하지 않는다. Elle finit toujours par avoir ce qu'elle veut sous prétexte qu'elle est jolie. 그녀는 예쁘다는 것을 무기삼아 원하는 것을 얻어낸다.
54	**Vu + nom** ~로 미루어 볼 때	Vu le nombre de personnes intéressées, on devra peut-être même fermer les inscriptions plus tôt qu'on ne le pensait. 관심을 가지는 사람들의 수로 미루어 볼 때, 생각했던 것 보다 등록 일찍 마무리 짓는 것이 좋겠다.

55	**Par manque de + nom** ~가 부족한 탓에	Il n'a pas été engagé dans cette entreprise <u>par manque d</u>'expérience dans le domaine. 그는 해당 분야에서 경험이 부족한 탓에 기업에 취직하지 못했다.
56	**Faute de + nom / inf.** ~ 부족으로, ~하지 못하는 바람에	Nous avons dû abandonner les poursuites <u>faute de</u> preuves concrètes et suffisamment claires. 증거가 불충분하고 불명확한 탓에 소송을 포기해야 했다. <u>Faute de</u> moyens 별 수 없이
57	**Compte tenu de + nom** ~을 고려할 때 **Compte tenu que + ind.** ~인 것을 고려할 때	Aller à Strasbourg en hiver est à la fois une bonne idée et une mauvaise idée <u>compte tenu de</u> l'atmosphère mais aussi des touristes. 겨울에 스트라스부르에 가는 것은 분위기나 관광객을 고려할 때 좋기도, 나쁘기도 한 생각이다.
58	**Du fait de + nom** ~을 이유로, ~ 때문에	Beaucoup de personnes sont présentes à la conférence <u>du fait de</u> la réputation du conférencier du jour ! 오늘 강연자의 명성 덕분에 많은 사람들이 강연에 참여했다.
59	**À force de + nom / inf.** ~함에 따라, ~을 계속 하다가	<u>À force de</u> mentir à tire-larigot, personne ne va plus jamais pouvoir te faire confiance et tu vas finir seul. 거짓말을 계속 하다가는 아무도 너를 신뢰하지 않고 외톨이가 되어버릴 거야.

Connecteurs logiques

60	**À la suite de + nom** **Suite à + nom** ~이후로, ~함에 따라	Suite à la difficulté de la Grèce à remonter la pente, les pays de l'U.E ont tenu leur engagement et l'ont soutenue financièrement. 그리스가 고비를 넘기기를 어려워함에 따라 EU 국가들은 약속을 지키고 그리스에 경제적 지원을 제공했다.
61	**...ant** (Participe présent, 현재분사) **En ...ant** (Gérondif, 동명사) ~인, ~하는	La Corée étant le pays avec la plus basse natalité au monde, elle doit faire beaucoup d'efforts pour se débarrasser de ce triste record. 세계에서 출생률이 가장 낮은 한국은 이 슬픈 기록에서 벗어나기 위해 다분히 노력해야 할 것이다.
62	**Comme + ind.** ~이기 때문에, ~함에 따라, ~인 탓에 (문두에서만 사용)	Comme les résultats sont très bons au baccalauréat cette année, les gens se demandent si le niveau de difficulté a baissé ou si le niveau des étudiants a augmenté. 올해 바칼로레아 점수가 매우 좋았던 탓에, 사람들은 시험의 난이도가 낮아진 것인지, 아니면 학생들의 수준이 상승한 것인지 궁금해한다.
63	**Puisque + ind.** ~이니까 (알고 있는 이유에 대해)	Ils ne peuvent plus te faire confiance puisque tu les as déjà trahis dans le passé. 네가 일전에 배신을 했으니 그들이 더이상 너를 믿지 않을 거야.
64	**Si.... , c'est que** ~은 것은 ~때문이다	Si les chiffres sont si bons cette année, c'est que les employés ont travaillé deux fois plus dur ! 성과가 좋은 것은 직원들이 두 배로 열심히 일했기 때문이다.

L'expression de la conséquence
결과

65	**C'est pourquoi** 그래서	Tes efforts méritent récompense ! C'est pourquoi je souhaite qu'on parle ensemble de ta promotion au sein de l'entreprise. 네 노력은 보상 받아야 해! 그래서 회사 내 너의 승진에 대해 이야기해보고 싶어.
66	**Donc** 따라서 ; 그러므로, 그러니	Nous avons enfin acheté le sapin pour cette année, il faut donc maintenant le décorer pour qu'il devienne « sapin de Noël ». 올해 드디어 크리스마스 트리를 샀어. 그러니 이제 장식해서 '크리스마스 트리'로 만들어야 해.
67	**Du coup (oral)** 그래서, 그니까 (구어체)	Le boss était absent toute la semaine, du coup les employés en ont profité pour vivre une semaine beaucoup plus détendue. 사장이 한 주 동안 자리를 비웠어. 그래서 직원들은 훨씬 여유롭게 한 주를 보낼 수 있었지.
68	**De ce fait** 따라서 (격식체)	Il a toujours séché les cours de langues au lycée, de ce fait son niveau est très médiocre et il ne peut pas communiquer avec des étrangers. 그는 고등학교에서 항상 언어 수업을 빼먹어서, 언어 수준이 형편없고 외국인들과 소통할 수가 없다.
69	**Alors** 그래서, 그러니	Il a triché au bac alors il est interdit de passer des examens pour les 5 prochaines années comme l'indique la loi. 그가 바칼로레아에서 컨닝을 한 탓에 법에 따라 5년 동안 시험을 보는 것이 금지된다.

Connecteurs logiques

70	**Par conséquent** 그 결과, 그래서	Je ne supporte pas cette attitude par conséquent je vous demanderai de sortir de mon bureau. 이런 태도를 견딜 수가 없습니다. 그러니 사무실에서 나가주기 바랍니다.
71	**D'où + nom** 그렇기 때문에, 그로 인해 (+ 결과)	La guerre entre la Russie et l'Ukraine a détruit l'accès à de nombreuses ressources d'où l'augmentation du prix de nombreux produits dont ils tiraient leur origine. 러시아 우크라이나 전쟁으로 많은 자원에 접근이 막혔으며, 그로 인해 자원에서 파생된 많은 제품의 가격이 상승했다.
72	**Ce qui explique + nom** ~의 이유이다 **Ce qui explique que + ind.** ~한 이유이다	Il mange très mal depuis des années ce qui explique sa crise cardiaque et ses artères bouchées. 그는 몇 년 동안 식사를 제대로 하지 않았는데, 이는 심근경색과 혈관 폐색의 원인이 되었다. Il a été malade toute la nuit ce qui explique qu'il manque de concentration aujourd'hui, il est encore un peu fatigué. 밤중에 병치레를 한 바람에 그는 오늘 집중력이 떨어지고 아직까지 피곤하다.
73	**C'est pour cela / C'est pour ça que + ind.** 그러한 이유로, 그래서, 그러니까	Le gouvernement a annoncé une nouvelle réforme de l'éducation et le test de l'uniforme dans les écoles françaises, c'est pour cela qu'on peut s'attendre à des réactions vives de la population. 정부가 교육 개혁과 프랑스 학교 교복 시험 정책을 발표함에 따라 국민들의 거센 항의가 있을 것으로 예상된다.

74	**Si bien que + ind.** 그 결과로	L'incendie a tout détruit si bien que les habitants ont tout perdu. 화재가 모든 것을 삼키고, 그 결과 주민들이 모든 것을 잃었다.
75	**De (telle) sorte que + ind. / subj.** (ind.)그 결과, 그래서 / (sub.)~하도록	Il est entré par la fenêtre de telle sorte qu'il ne laisse pas de trace de son passage. 그는 지나간 흔적을 남기지 않도록 창으로 들어왔다.
76	**De (telle) façon que + ind. / subj.** (ind.)그 결과, 그래서 / (sub.)~하도록	Les constructeurs ont accéléré le rythme des travaux de façon à ce que les élèves puissent profiter des nouvelles salles de classe pour la rentrée. 개학에 맞춰 학생들이 새로운 교실을 이용할 수 있도록 건설자들이 공사에 속도를 냈다.
77	**De (telle) manière que + ind. / subj.** (ind.)그 결과, 그래서 / (sub.)~하도록	La façon dont elle parle est tellement complexe de telle manière qu'on ne puisse pas suivre complètement le cheminement de sa pensée. 그녀가 말하는 방식이 너무나 복잡해서 생각의 흐름을 완전히 따라갈 수 없었다.
78	**Au point que + ind.** (너무 ~해서) ~할 정도로 …이다. **À tel point que + ind.** (너무 ~해서) ~할 정도까지 …하다	Il est intelligent, au point que je me sens bête à côté de lui. 그는 똑똑해서 그의 옆에 있을 때 내가 어리석게 느껴질 정도다. Je l'aime si fort, à tel point que je pourrais en mourir. 그를 너무나 사랑해서 죽을 수도 있을 것 같다.

Connecteurs logiques

79	**Tant / tellement que + ind.** 어찌나 ~한지 ...하다.	Vous hésitez tant que, si vous ne prenez pas une décision rapidement, l'offre vous passera sous le nez. 빨리 결정을 내리지 않고 지나치게 망설이면 그 제안을 그냥 지나쳐 버릴 수 있다.
80	**Si / tellement + adj. + que + ind.** 너무 ~해서 ...하다	Leur maison est si grande qu'on peut s'y perdre sans problèmes : y faire un cache-cache serait une super idée. 그들의 집이 너무 커서 길을 잃을 수도 있다. 거기서 숨바꼭질을 하는 건 아주 좋은 생각이다.

L'expression de la condition et de l'hypothèse

조건과 가정

81

Si + imparfait …, + cond. présent …

~이다면 ~일 것이다
(현재 사실에 반대)

Si + plus que parfait …, + cond. passé …

~했더라면 ~했을 것이다
(과거 사실에 반대)

Si j'étais plus expérimenté, je serais beaucoup plus capable de me défendre surtout en entretien d'embauche.
내가 경험이 더 많으면 면접에서 훨씬 잘 대응할 수 있었을 것이다.

Si le gouvernement avait mieux estimé le danger du coronavirus, la crise aurait pu être gérée différemment.
정부가 코로나바이러스의 위험을 더 정확하게 진단했더라면 다른 방식으로 위기를 극복할 수 있었을 것이다.

82

Au cas où + subj.

~을 경우에 대비해

Dans le cas où + ind.

~을 경우에 대비해

La période de crédit est prévue plus longue que ce que j'avais imaginé au cas où les créditeurs ne puissent pas rembourser à temps.
대출 기간은 내가 생각했던 것보다 길었는데, 채권자들이 제때 상환하지 못할 경우를 대비한 것이었다.

Dans le cas où vous ne pourriez pas venir à la réunion, il est recommandé de prévenir et d'annoncer votre absence au moins 24h à l'avance.
회의에 참석하지 못할 경우, 최소 24 시간 전에 불참을 미리 알리는 것이 좋다.

Connecteurs logiques

83	**À condition que + ind.** ~라는 조건 하에, 전제 하에	Nous pourrons limiter les dégâts à condition que le marketing s'améliore et le nombre de clients augmentent. 마케팅이 향상되고 고객 수가 증가한다면 피해를 줄일 수 있을 것이다.
84	**Pourvu que + subj.** ~하기만 한다면, ~인 이상	Le restaurant restera ouvert pourvu qu'il passe le test d'hygiène. 식당이 위생 검사를 통과하는 이상 계속 영업할 수 있을 것이다.
85	**À moins que + ind.** ~하지 않는 한	À moins que les guerres se calment dans le monde, le reste de la planète restera dans une situation politique et économique difficile. 세계의 전쟁이 잦아들지 않는 한, 나머지 국가들 역시 정치 경제적 문제를 계속해서 겪을 것이다.
86	**En admettant que + ind.** ~라고 하더라도, ~한다고 하나	En admettant que les jeunes sont confrontés à plus de violence à cause des médias, cela ne justifie pas l'augmentation du harcèlement scolaire. 미디어로 인해 청년들이 폭력에 더 자주 노출된다고 하나, 학교 폭력이 증가하는 것을 정당화할 수는 없다.
87	**À supposer que + subj.** ~이라고 가정한다면	À supposer que les conditions de sécurité soient renforcées, les concerts continueront à se dérouler dans cette salle. 안전 조건이 강화된다면 콘서트는 이 장소에서 계속 진행될 것이다.

접속사

	En supposant que + ind. ~이라고 가정한다면	En supposant que les boissons énergisantes remplacent les autres sources de caféine, il faut qu'un comité de médecins fassent une étude sur leur efficacité et leur dangerosité. 에너지 음료가 다른 카페인을 대체한다고 가정할 때, 의사 협회에서 그 효과와 위험성에 대한 연구를 수행해야 한다.
88	**Dans l'hypothèse où + cond.** ~이라는 가정 하에, ~한다면	Dans l'hypothèse où l'on voudrait une paix durable, les comités internationaux devront faire mieux que signer des traités vides de sens. 지속가능한 평화를 원한다면, 국제 위원회는 무의미한 조약을 체결하는 것 이상의 일을 해야 할 것이다.
89	**Probablement** 아마도	L'idée n'est probablement pas mauvaise mais elle ne se suffit pas à elle-même : il faut l'approfondir. 아이디어는 아마 나쁘지 않지만, 그걸로는 충분하지 않아서 더 심화해야 한다.
90	**Sans doute** 아마도, 의심의 여지없이	Nos opposants auront sans doute de nombreux arguments à nous opposer. 우리에게 반대하는 사람들은 아마 많은 반대 주장을 펼칠 것이다.
91	**Apparemment** 아마도	Apparemment, les deux entreprises avaient un accord mais il est tombé à l'eau après une rumeur de blanchiment d'argent. 두 회사가 합의를 한 듯하나, 자금 세탁에 대한 소문이 돌자 물거품이 되었다.

Connecteurs logiques

L'expression de l'opposition
반대

92	**Par contre** 그러나	La France s'auto proclame bonne élève en écologie. Elle ne prend pas en compte, par contre, la pollution qu'elle génère à l'étranger. 프랑스는 환경 문제에서 스스로 두각을 나타낸다고 말하는데, 프랑스가 해외에서 발생시키는 오염을 고려하지 않았다.
93	**En revanche** 반면, 그 대신	En revanche elle ne semble pas être à court d'idées. 반면, 그녀는 아이디어가 부족해 보이지 않는다.
94	**Au contraire** 반대로, 그에 반해 **Au contraire de + nom** ~와는 달리, 반대로	Bien au contraire, les risques de contamination sont plus forts au sein d'une même famille à cause de la proximité. 그에 반해, 가까이 생활하기 때문에 한 가족 내에서의 감염 위험이 더 높다.
95	**À l'inverse de + nom** ~와는 달리, 반대로	À l'inverse de mes collègues, je préfère travailler de manière intense pour avoir de plus longues vacances plutôt que des vacances régulières. 나의 동료들과는 달리, 나는 잦은 휴가보다 긴 휴가를 한 번에 받기 위해 강도 높게 일하는 것을 선호한다.
96	**À l'opposé de + nom** ~와는 달리, 반대로	À l'opposé de leurs parents, les enfants apprennent facilement, comme des éponges, les langues jusqu'à l'âge de 7 ans. 부모들과 달리 반대로, 아이들은 7 세까지 언어를 스펀지처럼 쉽게 배운다.

97	**Contrairement à + nom** ~와는 달리, 반대로	Le nouveau gouvernement a décidé de prendre des mesures drastiques <u>contrairement au gouvernement</u> précédent. 지난 정부와는 달리, 새로운 정부는 강력한 조치를 취하기로 결정했다.
98	**Alors que + ind.** ~인 반면 ; ~하는 와중에	Elle faisait beaucoup de bruit <u>alors que</u> sa coloc <u>essayait</u> de réviser pour ses partiels. 룸메이트가 시험 공부를 하는 와중에 그녀는 시끄럽게 했다.
99	**Tandis que + ind.** ~인 반면, ~인 한편	Tous les documents officiels de l'UE apparaissent dans les langues officielles de l'Union européenne, <u>tandis que</u> les autres langues <u>doivent</u> faire une demande de traduction. 유럽연합의 모든 공식 문서는 공식언어로 쓰여지는 한편, 그 외 언어는 번역을 신청해야 한다.
100	**Autant … , autant …** ~하는 만큼 ~하다 ; ~한데 ~하다	<u>Autant</u> les gens aiment le concept de l'égalité, <u>autant</u> lorsqu'on met en place des mesures pour le rendre concret, l'opinion publique n'est pas satisfaite. 사람들은 평등이라는 개념을 좋아하지만, 구체적으로 평등을 실현하기 위한 조치를 취할 때면 대중은 만족하지 않는다.

Connecteurs logiques

L'expression de la concession
양보

101 Tout de même
그렇지만, 그래도

L'écologie est très importante pour tous mais elle reste tout de même très difficile à appliquer au quotidien dans des familles avec peu de moyens.
환경 보호는 모두에게 매우 중요하지만, 소득이 적은 가정에서는 여전히 일상에서 실천하기 어렵다.

102 Pourtant
그러나, 그런데도

Cet élève a déjà reçu plusieurs avertissements. Pourtant, après deux ans et l'investissement de certains professeurs, rien n'a changé.
이 학생은 여전히 여러 차례 경고를 받았다. 2년이 지나고 교사들의 노력이 있었음에도 변한 게 없다.

103 Pour autant + ind.
(~라고 해서) ~인 것은 아니다

Il est très impliqué dans la cause animale, pour autant il ne peut se résoudre à ne plus manger de viande.
그는 동물권에 진심이지만 그렇다고 해서 고기를 먹지 않을 결심은 하지 못하고 있다.

**104 Cela étant /
Cela dit /
Cela étant dit**
그렇다고 해서(역접) ;
그렇다 보니(인과)

Cela étant dit, il convient de garder en tête deux principes éthiques de base : la justice et l'équité.
그렇다 보니, 두 가지 기본 윤리 원칙인 공정과 공평을 염두에 두어야 할 것이다.

접속사

105	**Cependant** 그러나	Les enfants ont besoin de beaucoup d'amour et de soutien pour bien grandir. Cependant, il ne faut pas oublier de leur donner un cadre et des règles également. 어린이들이 잘 성장하기 위해서는 많은 사랑과 응원이 필요하다. 그러나 아이들에게 틀과 규칙을 주어야 한다는 것을 잊지 말아야 한다.
106	**Toutefois** 그렇기는 하지만, 그럼에도 불구하고	L'idée que tu proposes est bonne en théorie. Toutefois, en réalité, elle serait difficile à mettre en pratique. 네가 제안하는 아이디어는 이론적으론 좋아. 그런데 현실적으로 실행하기는 어려울 거야.
107	**Néanmoins** 그럼에도 불구하고	Mon équipe de baseball a très mal joué cette saison. Néanmoins, elle reste bien classée. 우리 야구 팀은 이번 시즌 경기력이 매우 나빴다. 그럼에도 불구하고, 높은 순위를 유지했다.
108	**Malgré + nom** ~에도 불구하고	Malgré ta mauvaise volonté, nous avons réussi à mener ce projet à bien. 너의 나쁜 의도에도 불구하고 우리는 이번 프로젝트를 성공시켰다.
109	**En dépit de + nom** ~가 부족한 바람에, ~가 없는 와중에	En dépit du manque de contrat de travail, il a été prouvé devant la cour que les deux personnes avaient une relation contractuelle. 노동 계약서가 없었는데도, 두 사람 간에 계약 관계가 있었다는 것이 법정에서 입증되었다.

Connecteurs logiques

110	**Contrairement à ce que / qui …** ~와 다르게	Contrairement à ce que les gens semblent penser, le droit d'expression n'est pas total, il est soumis au droit de respect d'autrui. 사람들이 생각하는 것과 달리, 표현의 자유는 절대적인 것이 아니며, 타인을 존중할 권리에 예속되어 있다.
111	**Quitte à + inf.** **Quitte à ce que + subj.** ~인 이상	Quitte à travailler, il faut être récompensé à sa juste valeur. 일하는 이상, 그 가치에 맞는 보상을 받아야 한다.
112	**Bien que + subj.** ~임에도 불구하고	Bien que certains jeunes soient officiellement des adultes, leur comportement est parfois toujours immature et enfantin. 어떤 젊은이들은 공식적으로 성인이지만, 그들의 행동은 가끔 여전히 미성숙하고 유치할 수 있다.
113	**Quoique + subj.** ~임에도, ~이지만,	Quoiqu'ils te disent, le plus important reste le fait que tu n'es pas de regrets et tu dois faire des choix dans ce sens-là. 그들이 뭐라고 하든, 가장 중요한 건 네가 후회하지 않는다는 거야. 그리고 넌 그런 선택을 해야 해.
114	**Sans que + subj.** ~없이	L'espace commentaire des vidéos ou contenus en ligne est devenu un défouloir sans que les auteurs en aient réellement à payer les conséquences de par leur anonymat. 작성자들이 결과에 대한 책임을 질 필요도 없이, 인터넷 영상, 콘텐츠 댓글창은 분출구가 되어버렸다.

115	**Avoir beau + inf.** 아무리 ~해도 (소용없다)	Il aura beau travailler comme un forcené, s'il ne s'impose pas un peu plus, il ne sera pas récompensé. 그가 미친 사람처럼 일해봤자, 스스로를 좀 더 어필하지 않으면 보상을 받지 못할 것이다.
116	**Il est vrai que… / Il est en effet possible que …, + mais / cependant / pour autant** 사실~이지만 …하다 물론 ~할 수 있지만 …하다	Il est vrai que parfois convaincre ses adversaires est compliqué, cependant la défaite n'est pas acceptable et il faut rester positif. 물론 반대자를 설득하는 일은 가끔 복잡할 수 있지만, 패배는 허용되지 않으며 긍정을 잃지 말아야 한다.

Connecteurs logiques

L'expression de la comparaison
비교

117	**Comme** ~처럼, ~에 따라	Comme à son habitude, il est parti ce matin encore en oubliant ses lunettes. 그의 습관대로, 오늘 아침에도 안경을 깜빡 잊고 나갔다.
118	**De même que** ~와 같이, ~가 그랬듯	Les jeunes utilisent une langue hachée, refaite, coupée de même que l'ont fait les générations précédentes en utilisant de nouvelles formes de langues pour ne pas se faire comprendre des anciens. 젊은이들은 과거 세대들이 그랬듯 기성 세대가 그들의 언어를 이해하지 못하도록, 언어를 자르고 재생성하면서 새로운 형태의 언어를 만들어 낸다.
119	**Ainsi que** ~와 같이, ~를 비롯한	De nombreux états se sont réunis en comité pour demander l'arrêt des tirs dans le conflit Israélo-palestinien ainsi que toute forme de violence. 이스라엘-팔레스타인 분쟁에서 사격을 비롯한 모든 형태의 폭력 중단을 요구하기 위해 다양한 국가가 위원회에 회동했다.
120	**Autant que** ~한 만큼	Les créateurs de média essayent toujours d'avoir de la visibilité en ligne et ce autant que possible. 미디어 크리에이터들은 온라인 상에서 가시성을 최대한 높이기 위해 항상 애쓴다.

| 121 | **Aussi ... que**
~만큼 | Cette annonce a fait d'aussi grande vagues que celle de la légalisation du mariage LGBTQ+.
이번 발표는 성소수자 결혼 합법화만큼이나 큰 파장을 낳았다. |

| 122 | **De la même façon que + nom**
~와 마찬가지로 | Cette disposition s'applique de la même façon que l'année dernière et à toutes les entreprises.
이 조치는 작년과 마찬가지로 모든 기업에 적용된다. |

| 123 | **Pareillement**
마찬가지로 | Pareillement, on fixera un coût unitaire pour les soins à domiciles.
마찬가지로, 가정에서의 치료에 대한 단위 비용을 설정할 것이다. |

Connecteurs logiques

L'expression du doute, de l'hésitation

의심과 주저

124	**Reste à savoir si + ind.** ~할지는 두고 보아야 한다	Reste à savoir si le peuple pourra accepter ces différentes réformes sans de grands mouvements de grève. 이토록 많은 개혁을 대중들이 파업없이 받아들일 수 있을지 두고 볼 노릇이다.
125	**Il est encore trop tôt pour + inf.** ~하기에는 아직 시기 상조이다	Il est encore trop tôt pour définir avec exactitude l'efficacité des mesures prises en début d'année. 올해 초에 취한 조치의 효용성을 판단하기에는 아직 시기 상조이다.
126	**On ne dispose pas d'assez d'éléments / d'informations / de données / de résultats pour +inf.** ~하기에는 근거 / 정보가 충분하지 않다	On ne dispose pas assez d'éléments sur cette affaire pour inculper un des suspects. 용의자 중 한 명을 고발하기에는 아직 근거가 충분하지 않다.
127	**Émettre quelques réserves** 유보하다	Je souhaite émettre quelques réserves sur votre proposition, je veux prendre le temps de réfléchir. 당신의 제안을 유보하고 싶습니다. 생각할 시간을 가지고 싶군요.